大型活动群体排队现象研究
——上海世博会案例

顾基发　编著

973 计划"混合网络下社会集群行为感知
与规律研究"项目成果

科学出版社
北　京

内 容 简 介

　　本书研究大型社会活动参观人群中排队集群行为的感知和分析，利用运筹学中排队论、心理学、系统科学等理论，借助先进的信息科学技术收集有关排队行为的数据和信息，并进一步做出各种深入的理论分析，为大型社会活动的组织者在应对复杂而庞大的排队行为时提供科学的管理基础。本书也是科技部支持的 973 计划"混合网络下社会集群行为感知与规律研究"项目中应用研究的实践部分，由于项目组与上海世博会组织者有着紧密的联系，因此获得了海量的大数据，并在某些方面进行了实际的应用，本书提到的一些理论和信息技术也可在其他大型社会活动、旅游和服务行业中应用。

　　本书可以供大型活动和服务行业的组织管理与信息服务工程与管理人员阅读，也可供高等院校和科研机构中运筹学、系统工程和管理科学的有关研究人员和相关专业的师生阅读，并为进一步的研究提供参考。

图书在版编目(CIP)数据

大型活动群体排队现象研究：上海世博会案例 / 顾基发编著.—北京：科学出版社，2017.8
ISBN 978-7-03-053346-3

Ⅰ.①大… Ⅱ.①顾… Ⅲ.①博览会-组织管理学-案例-上海 Ⅳ.①G245

中国版本图书馆 CIP 数据核字(2017)第 132745 号

责任编辑：孙伯元　魏英杰 / 责任校对：桂伟利
责任印制：张　伟 / 封面设计：陈　敬

科 学 出 版 社 出版
北京东黄城根北街 16 号
邮政编码：100717
http://www.sciencep.com

北京中石油彩色印刷有限责任公司 印刷
科学出版社发行　各地新华书店经销

*

2017 年 8 月第 一 版　开本：720×1000　1/16
2017 年 8 月第一次印刷　印张：12
字数：232 000
定价：88.00 元
(如有印装质量问题，我社负责调换)

前　　言

　　排队集群现象是一种部分人群(顾客)为了得到某种服务而形成的群体行为,特别是在大型社会活动中,如何研究这种群体行为显得更加重要。要减少过密的排队集群,因为这有可能因长时间的等待使顾客得不到及时的服务,甚至可能因人群过分拥挤而引起踩踏事件。但是参加人数太少,又会造成冷冷清清,服务机构闲置并且服务人员反向等待的现象。因此,人们希望提供高效率、高质量以及有较好经济效益和政治效果的服务。在参加科技部973计划"混合网络下社会集群行为感知与规律研究"项目(2010CB731400)时,我们对中国2010年上海世界博览会(简称"上海世博会")排队集群行为的感知和规律进行分析,组织了来自973计划项目大课题组中信息科学、心理科学和系统科学各种不同专业的人员,组成虚拟的上海世博会交叉学科的课题小组,投入研究力量,进行横向课题的交叉研究。这是一个在2010年上海世博会展览期间自然形成的横向虚拟研究组织,参加者有中国科学院数学与系统科学院(杨晓光、顾基发、徐山鹰、房勇)、中国科学院大学管理学院(时勘、吕本富、彭赓、刘颖)、上海交通大学(张文军、杨小康、宋利、解蓉、胡玉婷)、华东师范大学(周傲英、钱卫宁、李叶)、上海理工大学管理学院(王波、刘磊),之后又有清华大学(郭伟、张毅、李力)、中国科学技术大学(周涛、韩筱璞)加入。随着韩筱璞到杭州师范大学工作,杭州师范大学(尤志强)以及中国科学院科技政策与管理科学研究所(李倩倩)和北京园博会管委会(张洋)等也参与进来。几年来,这个虚拟小组召开过多次交流会议,同时更多地是通过小型会议、频繁互访和大量的网络互动进行交流,小组部分成员曾在上海世博会和北京园博会的现场,对排队集群现象进行实地参观研究,部分成员直接参与了上海世博会协调局委托的工作,还有部分成员曾和上海世博会协调局有关工作人员一起到日本的大阪、爱知等举办过世博会的地方参观学习,获得很多第一手的数据和其他资料。这是一项典型的协同创新研究工作和范式,所有成果来自大家共同的努力,并做到数据、成果和知识的共享。除由973计划项目支持部分经费,有研究工作参与者靠其他科研经费支持进行研究工作,该课题于2014年12月1日顺利通过科技部组织的专家组验收并结题。本书汇集了已经正式发表的文章中部分成果以及尚未正式发表的文章中部分成果,有的工作结题以后以科研工作报告或者讨论班上的学术报告形式出现。对于接触到的其他与上海世博会相关的文献,我们也进行了适当引用,由于涉及的单位和人员太多,无法一一列举,在此一并表示感谢,如有不妥之处,敬请原作者赐教和批评指正。

全书共 10 章,分成三篇来介绍。第一篇为通论,包括第 1～3 章,主要介绍涉及上海世博会活动的一般性部分。第二篇为排队行为的物理、事理、人理分析,包括第 4～6 章,在上海世博会课题进行中我们尝试用物理、事理、人理系统方法论的指导,将上海世博会这个大型活动中产生的排队集群现象分别在第 4～6 章按物理、事理、人理三个层次加以剖析。第三篇为与排队行为感知有关的信息技术,包括第 7～10 章,在数据收集和分析方面采用课题组成员开发的四个先进信息技术:①第 7 章充分利用从混合网络中电子眼、监控视频网络对排队行为采集到的实体数据(或称线下信息),采用第一课题组提供的人群实测测算数据技术;②第 8 章介绍第六课题组评估志愿者工作,应用心理学设计的问卷并使用专门设计的手机网和工作平台等信息技术,该技术能快速、正确、实时地收集志愿者的心理行为以及他们观察到的现场游客行为,并加以及时评估,所有信息能及时反馈到上海世博会志愿者管理部门,志愿者也可以直接得到上级管理部门的及时指示;③第 9 章在上海世博会官方网站以及其他相关网站直接下载人们对上海世博会表达的各种行为和信息(或称线上信息),利用网上数据分析可能的游客的心理,并形成进一步预测上海世博会实际游客来访数的技术;④第 10 章由第二课题组提供的信息技术是基于新浪微博数据收集到有关上海世博会的信息,课题组建立了为期 3 年庞大的新浪微博数据集,通过一个分布式爬虫程序爬取相关信息,并进行多维度分析,深入挖掘了游客和各场馆之间流动行为。

在排队行为理论分析和预测方面,利用排队论和心理学等做出不少分析和预测工作。最后利用系统科学从上海世博会这个系统整体出发研究如何发挥系统整体效益。

从排队论角度看,大型社会活动是一个复杂随机排队大网络的问题,本研究比其他排队研究创新的地方在于:首先充分运用大课题组的信息技术力量,能及时、大量地感知上海世博会与排队有关的实体和虚拟信息及数据,在排队论研究方面要求用新的视角和新的排队分析技术考察复杂的排队现象;同时运用心理科学的理论研究排队行为,并进一步运用人-网结合来研究排队者的参会行为和对上海世博会的评价,从虚实两方面观察排队现象;最后运用系统科学的理论,如自相关、自组织等概念解释上海世博会中排队的更大的系统行为,为今后其他大型社会活动的测试、组织与调控提供理论分析,并在实际调控中起到很好的参考作用。我们所从事的研究工作受到有关各界的重视,已在四个不同领域的国际会议做了特邀大会报告。有些工作也得到上海世博会组委会的表扬。还有部分研究已用于北京园博会和九寨沟旅游景区的排队服务管理。

顾基发

2016 年 3 月

目　　录

第三篇　与排队行为感知有关的信息技术

第一篇 通 论

随着社会的发展,全球化和信息化促使国际上各种大型社会活动大量出现,它们涉及政治、社会、商业、文化、体育等方面。本书讨论一类与博览会有关的大型社会活动。特别是世界博览会,它涉及的人多、参展国多,内容庞杂且展览的时间长。大型社会活动需要研究的内容很多,而本书更多涉及参会中顾客的排队行为。排队本是日常活动中最常见的行为,但是每天几十万人甚至某一天一百多万人在一个博览会中游览,而且其中有不少人是在无所事事地排队,这无疑是上海世博会组织者所面临的一个挑战。本篇先从一般性的介绍着手,在后两篇再进一步分析。

第1章 引 言

1.1 几个大型社会活动

自社会形成以来,就产生了各种各样的社会活动,如集会、游行、演出和竞赛等,但是可称为大型社会活动的并不多。

(1)国家组织的大型政治活动,包括各种大规模的集会游行和纪念活动。例如国庆大游行,其表现形式往往是集体的有序列队,从天安门前面走过,或者在天安门广场举行集会。2009 年庆祝新中国成立 60 周年国庆大游行时,每个受阅部队由 8000 余名官兵组成,共有 44 个地面方队(14 个徒步方队,30 个装备方队),还有12 个空中梯队。另有近 10 万群众通过天安门,他们是由 60 辆彩车组成的 36 个群众游行方阵和 6 个行进式文艺表演,依次通过天安门广场中心区(图 1.1~图 1.3)。2015 年 9 月 3 日,天安门广场为纪念中国人民抗日战争胜利 70 周年举行盛大阅兵。

图 1.1 2009 年国庆阅兵照片

(来源:http://image.baidu.com/1tn=baiduimage&ct=201326592&lm=-1&cl=2&word=%B9%FA%C7%EC%D$%C$%B1%F8%D5%D5%C6%AC&fr=ala&2"\t)

(2)大型体育活动,如奥运会、全运会、青运会等。2008 年北京奥运会,也就是第 29 届夏季奥林匹克运动会,于 2008 年 8 月 8 日 20 时在北京国家体育场(鸟巢)开幕,并于 2008 年 8 月 24 日闭幕,参赛国家及地区 204 个,参赛运动员 11438 人,设 302 项(28 种)运动,共有 60000 多名运动员、教练员和官员参加。国家体育场位于北京奥林匹克公园中心区南部,为 2008 年北京奥运会的主体育场。工程总占地面积 21 公顷,场内观众坐席约为 91000 个。举行了奥运会、残奥会开闭幕式、田径比赛

图 1.2　2009 年国庆多个列队方阵

（来源：http://sucai.redocn.com/zhuanji/detail-1182.html）

图 1.3　2009 年国庆群众方阵

（来源：http://wenku.baidu.com/view/ff673ddace2f0066f5332262.html？re＝view）

及足球比赛决赛。国家游泳中心又称为"水立方"，与国家体育场分列于北京城市中轴线北端的两侧，国家游泳中心规划建设用地 62950m²，总建筑面积 65000～80000m²，座位数量为：永久性座位 4000 个，可拆除座位 2000 个，临时座位 11000 个。

（3）大型文化游艺活动，如大型演唱会、迪斯尼乐园的活动等。

1.2　大型社会活动引起的群体排队现象

近年来，人们组织了各种大型社会活动，如奥运会、世博会、园博会等，大量人群的集聚也就产生了大规模的排队现象。

2008 年 7 月 25 日凌晨，等待购买奥运会门票的人们在购票区附近休息。7 月 25 日，北京奥运会最后的 82 万余张比赛门票将通过场馆售票亭面向公众发售，大量购票者在奥林匹克中心区售票亭连夜排队，等待购票（图 1.4）。数万群众冒着酷暑排队等待购票,场面一度拥挤混乱。北京地区场馆的门票约 25 万张,每人每次排队最多购买一场次的两张门票。因此,从 23 日中午开始,陆续有观众前往各售票点排队等待。三万多人的购票队伍绵延几千米长,许多人做好了打持久战的准备,自带了帐篷、凉席、矿泉水、饼干和蚊香,甚至还有折叠床。25 日上午奥体中心售票处一度出现了拥挤和辱骂的混乱场面,尤其是当"水立方"跳水项目比赛门票售完时,一些没买到票的观众十分激动。为防止发生拥挤踩踏事件,北京警方迅速调集警力,从上午 10 时 30 分起采取了临时管制措施(李舒等,2008)。2008 年 8 月 8 日奥运会在鸟巢开幕式开场时入口又开始排起长队(图 1.5)。

图 1.4　连夜排队购奥运门票者众生相　　　　图 1.5　奥运观众排长队入场
　　　　　　(新华网,2008)　　　　　　　　　　　　　(腾讯体育,2008)

　　一些大型活动往往是由一大批较小型的服务系统组成的,这些小型服务系统之间又形成网络形状,即由一个服务系统出来的顾客又变成下一个服务系统等候排队的顾客。这种群体复杂网络排队的现象进一步促进了人们的对排队问题的研究兴趣。早在 20 世纪初,在电话系统、交通系统和一般服务行业中就有过对各种服务网络系统排对现象的大量理论研究和实际应用工作(Jackson 1957,1963;Baskett et al.,1975;Kelly,1975)。运筹学中排队理论的研究为揭开排队现象中一些基本概念,如顾客的到达规律、服务系统的服务规律(包括服务台个数及其布置方式、服务时间和服务规则)的描述,以及派生而来的排队队长、顾客等待时间、服务台的忙期和空闲期等描述服务系统的效率计算提供了依据。这些计算的依据一直是排队论研究者十分关注的研究课题,相对于复杂排队网络,这些规律的描述和计算更为复杂。科技的进步、各种信息和网络技术的应用,使排队问题的研究如虎添翼,也使迅速、大量地获取有关排队方面的数据成为可能,为进一步调控与协调排队提供了依据。此外,其他学科与排队论的交叉研究也推动了排队论新方向的研究,例如,考虑到在排队中心理和行为方面的表现,人们既关注排队的队长和等待时间的量化指标,也关注排队和服务的质量以及顾客的心理感受,这就需要引入心理学和社会学。再如,顾客数量太少,需要组织方设法去动员人们来参观,但是过分拥挤的排队又可能引起群发事件以致践踏事件等,这时需要引入社会物理学,如行人动力学和系统科学等来研究。这些新问题、新现象、新理论推动了大型活动中排队理论的深入研究和应用。本书的一个实践背景就是研究上海世博会中的各种排队现象及其协调和组织的新问题。由 973 计划"混合网络下社会集群行为感知与规律研究"项目,把世博会中出现的集群行为作为一个应用案例进行仔细研究。由中国科学院数学与系统科学研究院、中国科学院大学管理学院、上海交通大学电子信息与电气工程学院以及上海理工大学管理学院的研究人员以研究世博排队问题为目的而组成的一个虚拟团队进行了多年交叉学科的协作研究,其间也得到了上海世博会协调局的大力支持。上海理工大学的王波作为协调局的高级顾问从一开始对世博排队问题进行预估、协调并组织出谋划策;上海交通大学的解蓉在世博会期间担任世博会信息化部主管成员,参与运行指挥系统项目对信息系统的设计、运行,在数据收集方面做出贡献,还获得"上海世博会信息化先进工作者"称号;中国科学院大学的时勘、上海交通大学的宋利等对上海世博会中的志愿者和排队顾客进行了心理调查,并因此得到了上海世博会官方正式表彰奖励。由于时间所限,一些数据的收集和对外公布受到限制,再加上我们自己研究能力所限,有不少理论和实际问题的研究还十分粗浅。本书权作抛砖引玉,希望引起更多理论界和各种大型社会活动的组织及管理者的兴趣和关注。作者为有幸参加上海世博会这样世界级的大型项目中群体排队问题的研究而感到荣幸。

本书将从世博会排队现象的物理层面、心理层面和社会层面分别介绍我们以及国内外其他学者的部分研究工作。有些研究成果对于其他大型社会活动也有参考意义,事实上,我们已经将部分成果用于指导 2013 年召开的北京园博会的排队集群现象研究。

参 考 文 献

李舒,唐召明. 2008. 北京奥运会最后一批门票发售 数万群众排队抢购. http://www. gov. cn/ztzl/beijing2008/content_1056115. htm[2008-7-26].

腾讯体育. 2008. 北京奥运会开幕观众排长队入场. http://2008. QQ. com[2008-8-8].

新华网. 2008. 连夜排队购奥运门票者众生相(新华社记者李尕摄). http://news. xinhuanet. com/photo /2008-07/25/content_8765284_3. htm[2008-7-25].

Baskett F,Chandy K M,Muntz R R,et al. 1975. Open,closed and mixed networks of queues with different classes of customers. Journal of the ACM,22(2):248—260.

Jackson J R. 1957. Networks of waiting lines. Operations Research,5(4):518—521.

Jackson J R. 1963. Jobshop-like queueing systems. Management Science,10(1):131—142.

Kelly F P. 1975. Networks of queues with customers of different types. Journal of Applied Probability,12(3):542—554.

第 2 章　世博会概述

2.1　历届世博会简介

世界博览会(World Exposition)，又称国际博览会或万国博览会，简称世博会(World Expo)，是一项由主办国政府委托有关部门举办的有较大影响的国际性博览活动。参展者向世界各国展示当代的文化、科技和产业上正面影响各种生活范畴的成果。

世博会的起源是中世纪欧洲商人定期的市集，市集起初只涉及经济贸易。到了19世纪，商界在欧洲地位提升，市集的规模渐渐扩大，商品交易的种类和参与的人员越来越多，影响也越来越大，涵盖范围包括经济、生活艺术与生活理想哲学。19世纪20年代，这种具有规模的大型市集便成为博览会(exposition)。1851年，在英国伦敦海德公园举办的万国工业博览会成为全世界第一场世界博览会，展期是1851年5月1日～10月11日(图2.1)。1958年，比利时首都布鲁塞尔举行第二次世界大战战后第一个世界博览会。以后陆续在美国等很多国家举办过世界博览会。根据国际展览局的规定，世界博览会按性质、规模、展期分为两种：一种是注册类(也称综合性)世博会，展期通常为6个月，从2000年开始每5年举办一次，2010年上海世博会属于注册类世博会；另一类是认可类(也称专业性)世博会，展期通常为3个月，在两届注册类世博会之间举办一次。注册类世界博览会不同于

图 2.1　第一届伦敦世博会

(来源：http://image.baidu.com/i?tn=baiduimage&ct=201326592&lm=−1&cl=2&fr=ala0&word=1851%CA%C0%B2%A9%BB%E1)

一般的贸易促销和经济招商的展览会,是全球最高级别的博览会。中国申请的
1999 年昆明世界园艺博览会属于认可类世博会。在昆明举办的世界博览会主题
为"人与自然——迈向 21 世纪",整个世博园区结合世博会主题,以园艺博览会为
主,会期 184 天,有 69 个国家和 26 个国际组织参加了该届世博会,国内外参观人
数达到 950 万人次。

世博会经历了百余年的历史,由国际展览局负责组织,截至 2010 年 5 月 1 日,
国际展览局成员国共有 157 个,组织由各成员国自由参加的国际性博览会,并由其
中一些成员国出面主办。表 2.1 列举了其中几届世博会的有关参观人数和参展国
家数的基本数据。大阪世博会和爱知世博会在会期参观者实际人数与会前预测人
数分别参见图 2.2 与图 2.3。显然,实际参观人数与预测人数不可能一致,但是提
前预测可以为主办方做出提前安排的依据。根据统计数据,大阪世博会出现最高
参观人数时刻为 1970 年 9 月 6 日 12∶55,当时园区人数为 591408 人,爱知世博会
高峰日最高参观人数出现在 2005 年 9 月 18 日 13∶00～14∶00,当时人数达到
207754 人(表 2.2)。

表 2.1　部分世博会参观人数

年份	城市	参观人数/人	参展国家数
1958	布鲁塞尔	41454412	42
1965	慕尼黑	24518000	31
1967	蒙特利尔	50306648	62
1970	大阪	64218770	75
1971	布达佩斯	19000000	34
1974	斯波坎	48000000	—
1985	筑波	20334727	111
1986	温哥华	22111578	54
1992	塞维利亚	41814571	—
2000	汉诺威	18100000	155
2005	爱知	22049544	121

表 2.2　大阪、爱知极端高峰人数超过园区接待能力

单日参观者最大数量	估计值/人	实际值/人	日期
大阪	650000	835832	9 月 5 日周六
	700000	783682	9 月 6 日周日
爱知	161024	281441	9 月 18 日周日

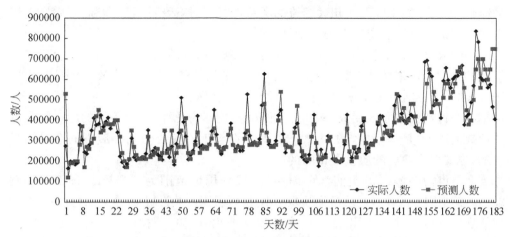

图 2.2　大阪世博会在会期参观者实际人数与会前预测人数

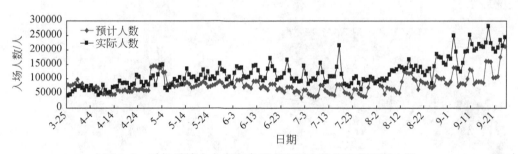

图 2.3　爱知世博会在会期参观者实际人数与会前预测人数

根据汉诺威世博会参观者入退场统计，日瞬时高峰在 15 时左右出现，人数占总数 68％，由此推算出汉诺威世博会瞬时参观高峰人数大约为 $276427 \times 68\% \approx 187970$ 人（由于高峰日瞬时高峰人数的比例应该高于 68％，实际人数可能大于这一数字）。据此推算出爱知等世博会瞬时高峰参观人群密度如下：爱知 8.3 m²/人（实际有效 5.65 m²/人）；大阪 5.58 m²/人；汉诺威 8.3 m²/人（王波，2010）。

2.2　上海世博会简介

2010 年上海世博会是第 41 届世界博览会，这是一届规模空前的人类盛会，是由中国政府主办，上海市承办，各省市参与的国家重大项目。这届世博会的主题为"城市，让生活更美好"。从 2010 年 5 月 1 日开幕到 10 月 31 日闭幕，会期 184 天，246 个国家和国际组织参展，共有 138 个展馆。海内外的参观游客逾 7308 万人次，单日最大客流出现在 10 月 16 日，达到 103.28 万人。在组织者、参展方和广大参观者的共同努力下，上海世博会不仅克服了梅雨、持续高温、台风潮汛等自然因素的影响,还经受住 103 万人超大客流的考验,园区总体运行平稳、顺利、有序。上海世博会创造了世博会历史上的一个又一个纪录。

国际展览局秘书长洛塞泰斯曾指出:"上海世博会的场馆面积是世博会历史上最大的,参与者、来访者人数也是有史以来最多的,同时参展方的数量也是有史以来最多的。因此,上海世博会在交通方面、人员排队方面其实都面临一些挑战。如何把上海世博会的园区变成一个舒适的环境,能够为几百万、上千万的游客提供舒适便捷的服务,是一个很大的挑战。上海世博会上不仅要做到参展方的数量是最大的,也要保证参展的质量是很高的"。

上海世博会园区沿黄浦江两岸布局,规划用地范围为 5.28km² (图 2.4 和图 2.5)。其中围栏区(收取门票)为 3.28km²,世博会园区共设置 13 个入口(共有 8 个地面常规出入口,4 个水上出入口,一个轨道交通出入口),围栏区分 5 个片区(A,B,C,D,E),其中 D 和 E 在黄浦江西岸,A、B 和 C 在东岸,各片区中所含主要场馆参见表 2.3。

图 2.4　世博会地图(略图)
(王波,2010)

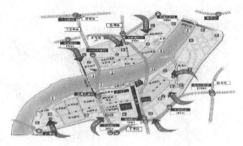

图 2.5　世博会地图(带主要出入口标示的略图)
(王波,2010)

表 2.3　各片区中所含主要场馆

A 片区	中国国家馆(中国馆);外国国家馆(除东南亚外的亚洲国家)
B 片区	主题馆;东南亚和大洋洲部分国家馆;国际组织馆;公共活动中心;演艺中心
C 片区	外国国家馆(欧洲、美洲和非洲国家)
D 片区	企业馆
E 片区	企业馆;城市文明馆;城市最佳实践区

历年来部分世博会参观人数可参考表 2.1,其中以大阪的人数最多,参观者总数为 6421.9 万人。而上海世博会参观者人数曾预计 7000 万人(实际是 7308.4 万人),创世博会历史新高。抽样调查显示,境外参观者约占入园参观者总人次的 5.8%;境内参观者中,上海本地参观者约占入园参观者总人次的 27.3%,来自江

苏省和浙江省的参观者分别占参观者总人次的 13.2% 和 12.2%，来自国内其他省（自治区、直辖市）的参观者约占 41.5%。

原先预计日均 40 万人，高峰 60 万人，极端高峰 80 万人（实际园区单日最大客流量出现在 10 月 16 日那天，达到 103.28 万人），如果按照 6m²/人计算，上海世博会瞬时高峰人数应该是在 3.28km² 范围内控制在 55 万人。原来估计排队等待时间最长可达到 4h，而实际最长的队达到 8～9h，个别达到 11h。

作为本届世博会的两大创新，城市最佳实践区和网上世博会项目丰富了世博会举办模式。城市最佳实践区集中 80 个案例，网上世博会参观者有 8234 万人次。

上海世博会已有 13 项纪录入选世界纪录协会世界之最，仅列举几项与参观者排队相关较密切的几项（百科名片，2015）：

（1）上海世博会是世界上参加国家和组织最多的世博会。

（2）上海世博会是世界上志愿者人数最多的世博会。

（3）园区在市中心占地面积达 5.28km²，上海世博会园区面积是历届世博会之最。

（4）上海世博会入园人数超过 7000 万人，人数是历届世博会之最。

（5）截至 10 月 16 日 21 时，进园参观世博会的人数在一天内已达 103.28 万人，成为世博会史上单天参观人数之最。

（6）一天演出 100 场。

（7）首次同步推出网上世博会。

世博会组织者始终坚持以人为本，不断完善对参观者的服务。世博会园区共设 56 个参观者服务点，向参观者提供问询接待、物品寄存、失物招领、物品租赁、母婴接待、残障援助、热水供应等一系列服务。组织者共发放 1 亿份世博导览图，其中 8000 万份为园区导览图，2000 万份为园外导览图。园区共接待参观者问询 108.5 万人次。此外，园内和出入口分别设有 5 个医疗点和 14 个临时医疗点，提供医疗和急救服务。这些服务措施得到参观者的好评。

园内交通构建立体网络，园区内设有 4 条地面公交线路、5 条观光线、1 条轨道交通专用线、5 条越江轮渡航线、8 条水门航线。截至 10 月 31 日，园区内交通累计运送游客约 1.83 亿人次，为参观者游园提供了便捷的交通服务。出现大客流时，园区内外密切联系，上海市交通管理部门及时增加园区周边道路、停车场的交通管理力量，及时增加地铁、公交、出租车等运能，特别是晚间离园高峰，增加公交车、出租车和地铁运行班次，确保游客顺利离园。

上海世博会共有 79965 名园区志愿者，其中包括 1266 名国内其他省区市志愿者和 204 名境外志愿者。这些志愿者分 13 批次，为游客提供了 129 万班次、1000 万小时约 4.6 亿人次的服务。因世博而劳累并快乐着的人群是点缀世博园的朵朵

"小白菜"、"小青菜"。这些青年志愿者很多都是第一次走上社会岗位,他们用热情的声音、温暖的微笑、贴心的服务,感染着身边每一个人。如果说世博会是一座大型服务机器,那么志愿者就是不可或缺的润滑油。志愿者是大型活动中顾客与服务机构中很好的软界面,世博会因他们而精彩,他们因世博会而改变。习惯耐心排队、懂得服务他人、学会倾听建议,这是世博会给数千万参与者留下的种种习惯,这也是世博会留给中国和世界俯拾即是的宝贵财富。与北京奥运会相比,历时 184 天的上海世博会是一个超大规模、超长周期的活动,志愿者的需求量大,服务时间长,服务内容非常丰富和广泛,来源也非常多样(图 2.6)。他们三伏天忍受烈日炙烤,还要保持清醒和微笑;有些岗位平均每 10s 回答一个问题,而且要重复说几千次。在长达半年的世博期间,没有哪一个岗位、哪一个群体像他们这样被频繁求助。他们形成了新的精神特质,不但能吃苦耐劳,而且学会把奉献当成快乐,把志愿工作当成一种时尚文化,把奉献当成一种收获。

图 2.6　志愿者给游客指路
(来源:南方日报)

去过世博会的参观者印象最深刻的无疑就是排队。看世博会要排队,这是最初一个带有强制性的行为,因为国人不会排队。但很快,人们发现这种担忧并无必要。在大部分场馆,人们逐渐习惯排队,并养成良好的排队氛围,排队已成为参观者的自觉行动。

从组织者方面看,他们学会倾听群众呼声。从试运营开始,每天的世博园都是新鲜的,其背后经历过无数细微调整与改变。几乎每次进园都会有一些新的发现:亚洲广场添置了遮阳棚,B 片区增加了长凳,除了广播还有短信提示。事实上,这主要得益于上海世博会组织者善于倾听、观察和总结。开幕初期,城市最佳实践区遇冷。参展方认为,主要原因是交通不便。他们建议在北面增开出入口,延长园区公交线。组织者很快意识到了当初规划的不足。不久,城市最佳实践区北部区域南车站路出口正式启用。游客从该出口出园乘坐地铁,比从原来最近的出口出园少走 300m。同时,公交龙华东路线经过调整,也延伸至该区。世博会组织者建立了良好的应急调整机制,不断根据新的情况进行调整和完善。上海世博会一个很重要的经验就是,城市管理者如何调动一切社会资源,以及不断调整和创新工作机制及工作方法,使整个世博会正常有效运转(黄应来等,2010)。

2010 年 12 月 27 日上海世博会总结表彰大会在人民大会堂隆重举行。胡锦涛在会上发表讲话。他强调,上海世博会是我国举办的规模最大、持续时间最长的国际活动。面对艰巨繁重的任务和前所未有的挑战,我们举全国之力、集世界智慧,坚持发挥我国能够集中力量办大事的政治优势,依靠人民群众,开展园区党的建设,加强国际合作,为上海世博会取得成功提供了有力保障。在筹办举办过程中,党中央、国务院高度重视、加强领导,上海世博会组委会、执委会科学决策、统筹协调,上海市委和市政府精心组织、狠抓落实,全体办博人员牢记党和人民重托,齐心协力、尽心尽责,出色完成了各自的任务,共同创造了无愧于祖国、无愧于人民、无愧于时代的业绩。

胡锦涛强调,全体办博人员大力弘扬为国争光的爱国精神,全心为民的服务精神,团结协作的团队精神,严谨科学的实干精神,追求卓越的创新精神,爱岗敬业的奉献精神。上海世博会精神,展现了中华民族的精神追求,体现了社会主义核心价值体系的精神实质,是以爱国主义为核心的民族精神和以改革创新为核心的时代精神又一次生动体现,是伟大中华民族精神在当代中国的又一次集中展示。

参 考 文 献

百科名片. 2015. 世界博览会. http://baike.baidu.com/view/140394.htm? fromId= 5159]〔2015-7-7〕.

黄应来,谢思佳. 2010. 世博留下的另类财富. http://epaper.southcn.com/nfdaily/html/2010-10/27/content_6890515.htm〔2010-10-27〕.

王波. 2010. 中国上海世博会参观人流网络与控制分析. 上海:上海理工大学.

第3章 上海世博会中的排队问题

2010年8月8日腾讯世博整理了有关上海世博会的十大关键词(杨甜甜,2010):

(1)排队。

(2)预约。

(3)世博护照/盖章。

(4)徽章。

(5)小白菜(志愿者们的昵称)。

(6)沙特阿拉伯(简称"沙特")馆。

(7)4D/环幕/巨幕电影。

(8)Super Junior(SJ,韩国当红偶像团体)。

(9)网上世博。

(10)低碳。

其中,(1)、(2)与排队有关,(6)也与长队有关,而(8)的SJ在世博的演出与由排队混乱引发踩踏事件有关。

网易世博曾收集网民意见,调查得到世博十大热点话题(网易世博,2010):

(1)游客已创世界纪录,人数是否为考核世博重要标准。

(2)世博是否是中国人素质"成人礼"。

(3)园区处处要排队,沙特馆最长排10h。

(4)公务员多次被曝观博"考察"。

(5)SJ园区演出引发混乱,官方严审园区明星活动。

(6)游客热衷敲章,世博护照意义遭质疑。

(7)黄牛投机倒把,热炒预约券、徽章。

(8)外国政要热衷溢美之词赞世博。

(9)90后被称"世博一代"引发热议。

(10)世博结束世博场馆如何处理。

这些话题中有3个[(1)、(2)、(3)]直接与参观人数,尤其是排队问题有关。人多了,就会出现排队长,有人想不排队的现象,而中国很多人有一个不太好的习惯就是不太想排队,总希望自己是例外,不排队就能得到服务。上海世博会出现那么多排队,绝大多数国人排了队,如沙特馆前的观众有的等了10h,仍井然有序,这里面固然有组织者采用各种好的排队管理方式,也必须承认国人的素质有很大的提高。当然也有意外,例如,话题(5)则与排队人过多以及没有得到服务,因拥挤而引发踩踏有关,话题(7)因为有人怕排队,就有黄牛出现。可见组织好大型活动的排队行为实在需要引起人们的重视。作者作为 973 课题成员,既看到了排队集群行为值得研究,又看到了课题组从事这方面研究的可能性。因为课题组在世博会举办前既有老师作为特聘研究员参加管理(排队)设计工作,又有老师参加了世博会信息中心的工作,直接掌握了大量第一手资料,随着研究工作进展,又去补充并从中分析加工出不少有用的新数据(Gu et al. ,2011;顾基发等,2011)。

3.1　973 课题组已收集到上海世博会数据和影像大量有关排队的资料

　　973 课题组在世博会协调局的大力支持下从网上和世博信息中心收集到了与排队研究相关的大量原始数据,其中包括图 3.1 所示的数据(宋利等,2013)。

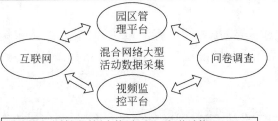

客流(场馆/片区/出入口/上海市出入等)、票务(进出人数/旅游预订/团体票销售及实到情况)、交通(公交/地铁/码头等)、其他(天气/用电/活动等)

世博会相关微博,约81万条志愿者相关的人人网数据等、新浪/天涯/网易/搜狐/腾讯世博数据等

互联网　园区管理平台　混合网络大型活动数据采集　问卷调查　视频监控平台

对上海世博会志愿者小组长:5月31日~9月31日持续4个月,获得手机短信调查数据共2640份,电脑问卷4084份。对最后一批志愿者:10月4日~10月31日,获得手机短信调查数据共15420份,纸笔1008份

覆盖整个世博园区五大片区3.28km²,共计约11000h,8.3T,1000路,涉及超大客流等代表性数据80余天

图 3.1　世博数据信息汇集图

1. 客流数据

　　200 多个场馆客流、8 个片区客流、12 个出入口等候客流、10 个重点演艺广场客流、园区各片区当日用餐总人次、上海市出入客流;世博会每日各时段和各入口的入园人数统计数据,其中,各时段是从每日 9 点~21 点半每隔半小时的统计数。

　　其中课题组最常用而且记录较完整的世博数据(8~10 月份)如下:

　　(1)场馆客流(场馆名称;排队人数;入馆排队等候时间;当前部分馆内人数;当日累计接待人数)。

　　(2)出入口实时进出园人数(系统时间;出入口名称;当前票检入园数;当日累计票检入园数;当前出园人数;当日累计出园人数)。

(3)当日参展活动安排情况(系统时间;活动名称;内容简介;活动主题;场地名称;活动开始时间;活动结束时间)。

(4)片区客流[系统时间;片区名(5.28,3.28,AB,BC,A,B,C,DE 等);区客流量]。

(5)园区出入口客流(系统时间;出入口名称;等候入园人数;入园排队候时间)。

(6)园区出入口团组客流(按各出入口进去参观的团组个数和总人数,并分别按今日计划、今日实际到达、明日计划、后日计划、大后日计划登记)。

课题组最常用世博排队视频数据(部分馆、场地实拍录像),其中,视频网数据采集通过实时高清视频监控研究平台和 16 路高清摄像机,覆盖道路、广场、楼道及室内环境。海量大型活动视频监控数据,覆盖整个世博园区五大片区 3.28km²,共计约 11000h,其数字量级为 8.3T。此外,还建立用于算法比较研究的公开图像/视频数据库、TRECVID 数百小时的典型事件的标注数据集、PASCAL VOC 数十万张分类图像数据集。

2. 票务数据

出入口实时进出园人数、出入园区客流量统计、个人团队票销售数据、各票种使用情况统计、旅游团队实到情况统计、旅游团队预约入园计划数据。

3. 交通数据

上海市客流、上海市在途客流、园区公交双向客流、园内码头双向客流、园内地铁 13 号线客流数据。

4. 其他有关信息

重点场馆能源情况(用电量)、园区活动信息、天气情况(温度、湿度、风速、风力、风向)。

5. 其他课题组专门从互联网上采集到的信息

互联网信息采集:

(1)网页数据。抓取 150 个重点网站,每日 20 万条。

(2)微博数据。36 万用户微博(约 15GB),世博会相关微博约 81 万条;QQ 和 360 微博,约 85 万条;Twitter 2009 年半年数据,约 4.7 亿条。

(3)论坛数据(天涯论坛)。截至 2011 年 6 月 28 日,共 255302 条帖子,更新数据达 914358 条。其中:"天涯杂谈"版块帖子 164300 条,"百姓声音"版块帖子

70489 条,"传媒江湖"版块帖子 14711 条,"天天 315"版块帖子 5802 条。关于这些世博会观众在网上海量信息分析将会在第 9 章、第 10 章介绍。

6. 有关志愿者调查的信息

有关志愿者调查的信息如图 3.2 所示。

开发了手机活动采集及问卷调查软件,可
获得人的物理/心理活动
　　心理活动:定时回答电子问卷
　　物理活动:GPS、加速度传感器等信息
　　社会活动:通话日志、蓝牙交互

图 3.2　手机采集志愿者问卷示意图

7. 其他世博数据和信息

(1)除了世博官方网站的信息,课题组还在其他网站上查到世博官方网上未明示的信息,其他很多非官方对排队现象的评价,例如,5 月 30 日在韩国馆实际上发生的事件似乎不如官网上介绍的那么轻松。

(2)国家统计局调查问卷中可以较宏观地看到参观者对这次世博会的评价。

(3)一些大专院校通过自己各种渠道的调查问卷得到的数据和信息。

(4)课题组徐山鹰等从上面这些数据中又进一步加工成如下图表:

①Excel 表。

②画出有利进一步分析的图表。

3.2　上海世博会参观人数的统计

3.2.1　上海世博会会期每天参观者实际人数的统计

上海世博会在会期每天参观者实际人数在世博会网站都有公布,并且以条形图显示,网上公布的条形图还有如下功能:读者只要用鼠标点击在相应日期的条上,在条顶上就会显示该日的参观者总数。这里仅列举了 5 月和 6 月的数据,见图

3.3 和图 3.4。

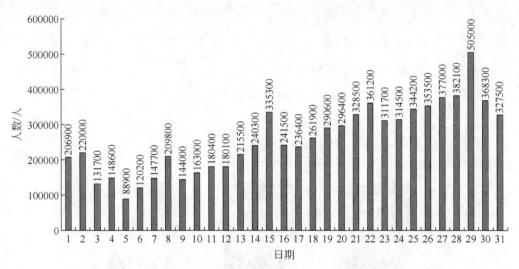

图 3.3　上海世博会在 5 月份参观者实际人数

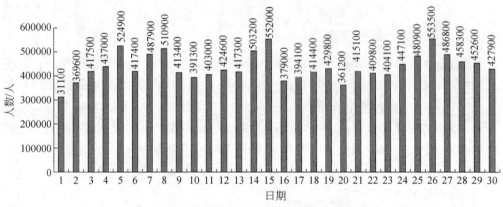

图 3.4　上海世博会在 6 月份参观者实际人数

3.2.2　按 8 个地面主出入口统计的每天的参观人数

按 8 个出入口 (1♯～8♯) 统计每天的参观人数,这里仅举 2010 年 7 月 3 日～7 月 8 日和 10 月 15 日～10 月 25 日为例 (表 3.1 和表 3.2)。

表 3.1　8 个出入口统计的每天的参观人数(2010 年 7 月 3 日～7 月 8 日)

(单位:人)

日期	星期	总参观人数	1#	2#	3#	4#	5#	6#	7#	8#
7-3	六	397600	43406	23270	22257	27699	51491	57445	72862	79410
7-4	日	358800	33526	24658	16633	23555	49767	65100	56437	67436
7-5	一	428500	46630	26755	22442	29086	52958	73148	71237	77593
7-6	二	457100	50437	28025	27072	30819	56637	78186	72720	82537
7-7	三	403400	43083	24628	23034	24899	52627	68072	65218	76860
7-8	四	411500	45200	24306	21854	27132	52948	67046	69860	77675

表 3.2　8 个出入口统计的每天的参观人数(2010 年 10 月 15 日～10 月 25 日)

(单位:人)

日期	星期	总参观人数	1#	2#	3#	4#	5#	6#	7#	8#
10-15	五	627800	61668	56998	34079	39279	77197	110228	101653	100654
10-16	六	1032700	86564	75840	52860	59611	126310	169462	178092	204722
10-17	日	744900	69699	65301	39460	48073	88095	122218	118999	132769
10-18	一	622700	58552	55555	31885	43914	79386	110188	96279	99050
10-19	二	641400	59222	59555	33992	44076	78620	115019	92433	101605
10-20	三	646600	57464	58592	27126	42002	81566	116637	96193	107462
10-21	四	732800	64591	67092	31004	46700	93537	136629	102080	123630
10-22	五	860500	76792	79426	36429	51357	119521	156437	123982	142950
10-23	六	837500	77516	62738	39747	52177	93231	145577	139305	165944
10-24	日	748300	67549	66765	30914	42765	97972	140077	114903	125473
10-25	一	315000	28391	29738	15533	19071	44756	53282	53299	50742

3.2.3　按不同时段统计的每天的参观人数

按不同时段统计的每天的参观人数,这里同样仅举 2010 年 7 月 3 日～7 月 8 日和 10 月 15 日～10 月 26 日为例(表 3.3 和表 3.4)。

表 3.3　不同时段每天的参观人数(2010 年 7 月 3 日～7 月 8 日) (单位:百人)

日期	星期	总参观人数	9:00	9:30	10:00	10:30	11:00	11:30	12:00	12:30	13:00	13:30	14:00	14:30
7-3	六	3976	0	1110	2009	2608	2923	3140	3239	3314	3360	3405	3436	3472
7-4	日	3588	0	1124	2055	2504	2768	2909	2995	3051	3103	3149	3194	3242
7-5	一	4285	0	933	1674	2313	2919	3310	3518	3642	3714	3777	3841	3899

日期	星期	总参观人数	9:00	9:30	10:00	10:30	11:00	11:30	12:00	12:30	13:00	13:30	14:00	14:30
7-6	二	4571	0	1133	2236	3001	3448	3685	3799	3872	3926	3981	4035	4078
7-7	三	4034	0	241	1730	2530	3035	3257	3342	3398	3449	3498	3539	3584
7-8	四	4115	0	1081	2062	2684	3047	3243	3331	3398	3456	3513	3557	3584

日期	星期	总参观人数	15:00	15:30	16:00	16:30	17:00	17:30	18:00	18:30	19:00	19:30	20:00	20:30	21:00
7-3	六	3976	3509	3552	3592	3652	3722	3802	3860	3889	3912	3932	3966	3974	3976
7-4	日	3588	3280	3310	3337	3378	3433	3485	3516	3534	3543	3556	3572	3586	3588
7-5	一	4285	3944	3983	4011	4056	4106	4163	4198	4218	4234	4252	4270	4283	4285
7-6	二	4571	4115	4148	4172	4305	4356	4421	4468	4495	4516	4537	4559	4566	4571
7-7	三	4034	3624	3658	3687	3728	3786	3867	3913	3942	3967	3988	4015	4026	4034
7-8	四	4115	3651	3693	3737	3784	3848	3912	3999	4029	4056	4072	4105	4111	4115

表3.4　不同时段每天的参观人数(2010年10月15日~10月26日)（单位:百人）

日期	总参观人数	9:00	9:30	10:00	10:30	11:00	11:30	12:00	12:30	13:00	13:30	14:00	14:30
10-15	6278	0	1141	2246	3177	3843	4140	4302	4430	4517	4607	4704	4790
10-16	10327	0	1314	2628	3936	5176	6035	7058	7633	8070	8410	8697	8907
10-17	7449	0	1384	2743	4044	5063	5728	5974	6119	6247	6340	6427	6499
10-18	6227	0	1230	2398	3380	4056	4387	4558	4670	4761	4845	4926	5001
10-19	6414	0	1198	2404	3449	4117	4393	4524	4620	4726	4867	4923	5010
10-20	6466	0	1230	2403	3397	4049	4337	4500	4617	4731	4843	4958	5068
10-21	7327	0	1219	2410	3465	4285	4695	4882	5013	5152	5282	5412	5516
10-22	8606	0	1280	2520	3642	4488	5019	5253	5403	5546	5685	5830	5979
10-23	8375	0	1421	2800	4043	4997	5668	6152	6501	6681	6825	6960	7085
10-24	7483	0	1246	2510	3647	4512	4991	5228	5403	5562	5729	5889	6036
10-25	3150	0	847	1337	1656	1854	2003	2090	2154	2190	2229	2265	2298
10-26	3087	0	847	1297	1551	1694	1799	1858	1910	1952	1993	2032	2074

日期	总参观人数	15:00	15:30	16:00	16:30	17:00	17:30	18:00	18:30	19:00	19:30	20:00	20:30	21:00
10-15	6287	4863	4926	4976	5203	5532	5772	5919	6026	6104	6168	6243	6271	6278
10-16	10327	9062	9159	9221	9481	9697	9883	10015	10099	10153	10205	10291	10321	10327
10-17	7449	6554	6602	6638	6887	7085	7178	7239	7301	7330	7360	7421	7443	7449
10-18	6227	5069	5115	5155	5393	5680	5862	5970	6060	6107	6139	6199	6223	6227
10-19	6414	5076	5133	5180	5455	5780	5991	6096	6180	6249	6314	6374	6410	6414

续表

日期	总参观人数	15：00	15：30	16：00	16：30	17：00	17：30	18：00	18：30	19：00	19：30	20：00	20：30	21：00
10-20	6466	5157	5230	5280	5537	5776	5969	6107	6207	6292	6348	6428	6460	6466
10-21	7327	5658	5752	5820	6075	6390	6642	6829	6977	7091	7188	7273	7308	7328
10-22	8606	6126	6254	6436	6778	7176	7494	7788	8052	8255	8404	8531	8567	8606
10-23	8375	7189	7278	7392	7593	7814	7983	8103	8176	8255	8267	8343	8367	8375
10-24	7483	6158	6262	6438	6663	6874	7057	7191	7276	7337	7394	7463	7476	7483
10-25	3150	2326	2350	2438	2686	2810	2898	2970	3029	3073	3110	3140	3147	3150
10-26	2107	2107	—	—	—	—	—	—	—	—	—	—	—	—

3.3　上海世博会排队时间的统计

3.3.1　上海世博会排队时间的宏观统计

排队时间一直是上海世博会官方、各参展场馆和参观者十分关心的事,下面先宏观地考察一些馆的排队时间。

例 3.1　8 月 20 日排队长度情况。

这些信息可通过世博无线官网和世博热线查询(在展览期间可以查到每天的排队信息,即显示当前排队长度的情况)。

主要考察了 14 时与 18 时一些排队超过 2.5h 在不同排队时长下的各个馆的情况,见表 3.5,在 2h 以下的各个馆的情况参见下列数据。

(8 月 20 日 14：00)

排队 2h:埃及馆、中国船舶馆、俄罗斯馆、意大利馆。

排队 1.5h:远大馆、上海企业联合馆、澳门馆、万科馆、国家电网馆、新加坡馆、信息通信馆、瑞士馆、泰国馆、中国馆。

(8 月 20 日 18：00)

排队 2h:中国铁路馆、中国人保企业馆、西班牙馆、俄罗斯馆。

排队 1.5h:世界气象馆、哈萨克斯坦馆、远大馆、上海企业联合馆、民营企业联合馆、新加坡馆、中国船舶馆、瑞士馆、美国馆、泰国馆。

例 3.2　10 月 31 日排队长度情况。

主要考察了 12 时、14 时、16 时与 18 时一些排队超过 2.5h 在不同排队时长下各个馆的情况,见表 3.5,排队在 2h 以下的各个馆的情况参见下列数据。

（截至 10 月 31 日 14：00）

排队 2h:法国馆、万科馆、远大馆、瑞典馆、意大利馆、信息通信馆、英国馆、西班牙馆。

排队 1.5h:思科馆、中国铁路馆、丹麦馆、新加坡馆、中国船舶馆、香港馆。

（截至 10 月 31 日 16：00）

排队 2h:案例联合馆 4-3、日本产业馆。

排队 1.5h:意大利馆、思科馆、罗马尼亚馆、中国铁路馆、新加坡馆、香港馆、瑞典馆、中国船舶馆、法国馆。

（截至 10 月 31 日 18：00）

排队 2h:远大馆、日本产业馆、信息通信馆。

排队 1.5h:思科馆、中国铁路馆、新加坡馆、香港馆。

表 3.5　在 8 月 20 日和 10 月 31 日不同馆的排队时间汇总

排队时长 /h	8-20, 14：00	8-20, 18：00	10-31, 12：00	10-31, 14：00	10-31, 16：00	10-31, 18：00
11			石油馆			
7.5~8	石油馆			上汽集团-通用汽车馆,石油馆	上汽集团-通用汽车馆	
6~7	日本馆		沙特馆		石油馆	上汽集团-通用汽车馆
5~5.5	可口可乐馆		日本馆,可口可乐馆,上汽集团-通用汽车馆,德国馆中国航空馆,瑞士馆	德国馆,可口可乐馆,沙特馆,中国航空馆,瑞士馆	瑞士馆	
4.5	德国馆	石油馆,日本馆,沙特馆	太空家园馆		沙特馆	
4	太空家园馆、韩国馆	德国馆	日本产业馆	民营企业联合馆	中国航空馆,德国馆,民营企业联合馆	石油馆,沙特馆,民营企业联合馆

续表

排队时长/h	8-20, 14：00	8-20, 18：00	10-31, 12：00	10-31, 14：00	10-31, 16：00	10-31, 18：00
3.5	中国航空馆、日本产业馆	可口可乐馆,太空家园馆,韩国馆	韩国馆,阿联酋馆	日本馆,太空家园馆,阿联酋馆,哈萨克斯坦馆	可口可乐馆,日本馆	英国馆,可口可乐馆
3	上汽集团-通用汽车馆,思科馆	上汽集团-通用汽车馆,中国航空馆	哈萨克斯坦馆,信息通信馆	韩国馆,俄罗斯馆	阿联酋馆	案例联合馆4-3、中国航空馆,俄罗斯馆,日本馆,韩国馆
2.5	阿联酋馆、英国馆、中国铁路馆、世界气象馆	阿联酋馆,日本产业馆,思科馆中,意大利馆,英国馆,法国馆	日本产业馆		哈萨克斯坦馆,远大馆,太空家园馆,俄罗斯馆,信息通信馆,英国馆,韩国馆	哈萨克斯坦馆,阿联酋馆,意大利馆,太空家园馆

3.3.2　上海世博一些具体场馆平均队长和排队时间加工后的微观统计图

这里仅以沙特馆、石油馆、加拿大馆和城市人馆等的平均队长和平均等候时间为例,加工后用图显示其在 8 月 1 日～10 月 30 日不同日的演化规律(图 3.5～图 3.12)。接着是 B 和 C 两个片区在 10 月 16 日一天内从 8：30 到 23：30 的客流演化规律(图 3.13)。

例 3.3　沙特馆平均队长和排队时间列表数据(8-1～10-31)见表 3.6。

数据说明:

(1)每日客流平均队长和等待时间是由 1 日的 25 个时点数据简单平均而得的。10 月 31 日只有 13 个时点数据。

(2)每日 10 时～22 时每半小时 1 个时点,每日 25 个时点。

(3)个别时点数据遗失,用下一时点数据替代补充。

表 3.6　沙特馆每天平均队长和平均等候时间(8-1～10-31)

日期	平均队长/人	平均等候时间/min	日期	平均队长/人	平均等候时间/min
8-1	3350	164.6	9-2	3772	253.2
8-2	4004	247.6	9-3	3704	185.2
8-3	4164	276.4	9-4	4036	258.4
8-4	3556	180.6	9-5	4272	284
8-5	3868	238.4	9-6	4052	204
8-6	4204	282.4	9-7	4044	221.2
8-7	4132	207.4	9-8	3960	274
8-8	3984	260.8	9-9	3720	222.4
8-9	4572	298.8	9-10	3948	251.6
8-10	3820	195.4	9-11	4296	286.4
8-11	3956	284	9-12	3868	197.4
8-12	4644	307.2	9-13	4192	254
8-13	3908	193	9-14	4744	309.6
8-14	3980	224	9-15	3852	192.6
8-15	4320	271.6	9-16	4120	242.8
8-16	4124	208.2	9-17	4384	290
8-17	4300	301.6	9-18	4068	203.4
8-18	3980	296.8	9-19	3688	230.8
8-19	3732	188.2	9-20	4312	286
8-20	4424	278.4	9-21	3408	169.2
8-21	4560	312.8	9-22	4360	264.8
8-22	3796	189.8	9-23	4956	314.4
8-23	4152	280	9-24	3904	194.8
8-24	4636	309.6	9-25	3976	246.4
8-25	3948	197	9-26	4168	284.4
8-26	4284	279.6	9-27	3744	189
8-27	4640	314.4	9-28	3752	226
8-28	4360	218.8	9-29	4164	278.4
8-29	4136	260.4	9-30	3724	197.2
8-30	4164	276	10-1	4016	228.8
8-31	3556	179.8	10-2	4508	303.2
9-1	3988	240.8	10-3	3976	200.4

续表

日期	平均队长/人	平均等候时间/min	日期	平均队长/人	平均等候时间/min
10-4	4224	254	10-18	4404	222.2
10-5	4556	288.4	10-19	4420	264.8
10-6	3608	179	10-20	5904	389.6
10-7	3404	228	10-21	4768	252.8
10-8	4524	302	10-22	4796	280
10-9	4236	210.2	10-23	6428	422.4
10-10	4544	276.4	10-24	5004	274.4
10-11	4120	236.4	10-25	4056	222.8
10-12	4015	209	10-26	4708	295.6
10-13	4008	242.8	10-27	4696	252.4
10-14	4868	326.4	10-28	4020	242.4
10-15	4256	212.8	10-29	4776	242
10-16	5052	331.2	10-30	4700	258.2
10-17	5336	372.8	10-31	5592	360.8

将表中数据用图形表示见图 3.5 和图 3.6。

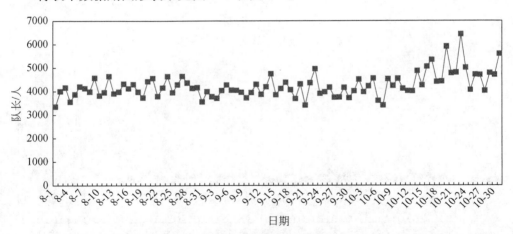

图 3.5　沙特馆平均队长(8-1～10-30)

例 3.4　石油馆每日客流平均队长图(图 3.7)和等待时间图(图 3.8)。

例 3.5　加拿大馆每日客流平均队长图(图 3.9)和等候时间图(图 3.10)(8.1—10.31)。

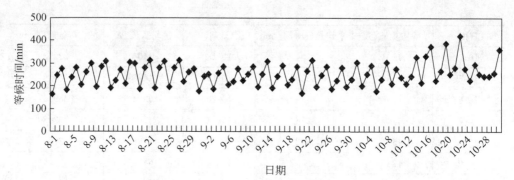

图 3.6　沙特馆平均等候时间(8-1～10-30)

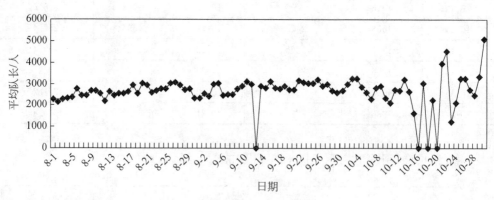

图 3.7　石油馆平均队长(8-1～10-30)

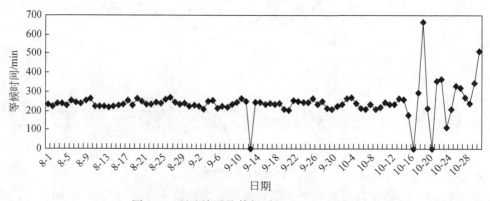

图 3.8　石油馆平均等候时间(8-1～10-30)

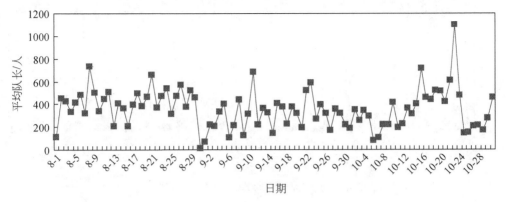

图 3.9　加拿大馆平均队长(8-1～10-30)

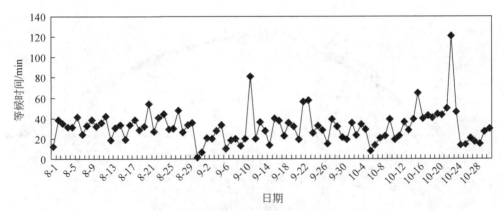

图 3.10　加拿大馆平均等候时间(8-1～10-30)

例 3.6　城市人馆场馆客流平均队长图(图 3.11)和等候时间图(图 3.12)(8-1～
10-30)。

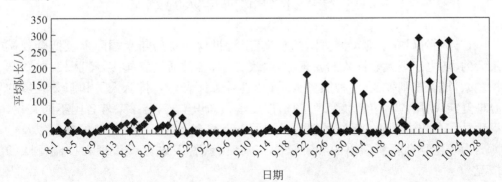

图 3.11　城市人馆平均队长(8-1～10-30)

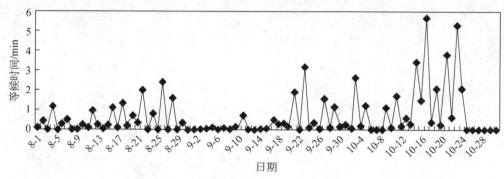

图 3.12　城市人馆平均等候时间(8-1~10-30)

例 3.7　10 月 16 日不同时段 BC 片区客流比较图(图 3.13)。

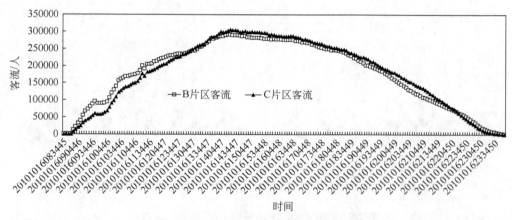

图 3.13　B 和 C 两个片区在 10 月 16 日从 8：30 到 23：30 的客流每隔半小时的演化规律

3.4　研究上海世博排队的意义

　　首先明确研究上海世博排队的意义,上海世博会是历年来国际上世博会规模最大的,随之出现大量排队的新现象,参展馆多,各种活动安排多,排队长,排队结构复杂,排队规则多变,各种服务人员(特别是志愿者)多,排队人员和服务人员的心理复杂,动用各种信息和管理工具,涉及学科知识丰富,再掺杂着各国不同文化,堪称是一个开放复杂巨系统的研究大课题。世博会上可以看到排队的盛况以及世博会为了控制排队所做出的各种努力,包括由武警及志愿者管理和控制排队的情况。

　　图 3.14 应用了物理、事理、人理系统方法论来指导此 973 课题的研究,课题中所涉及的社会集群行为包括一般社会上的集群行为,特别是网上社会舆论的集群

行为(虚拟的)。世博会排队课题中的人群主要是参加世博会活动的人们,对于这些人的集群行为(实体的)要加以研究。同时网民对世博会的舆情也是值得研究的,一方面是他们对世博会满意情况的表达;另一方面也可从中看出他们来世博会参观的意愿,正是基于这个认识,我们课题组还有老师做出世博会参观人数的预测。这个研究也采用了物理、事理、人理系统方法论,摸清排队问题中的物理、事理和人理的构成内容。探索了相应的排队模型、时间序列模型、心理模型、拥挤模型。下面构造物理、事理、人理三维图(图 3.15)。其中,人理方面首先需要协调组内与组外,还有与世博局的关系。在知识的方面要了解各方面的知识。在感情方面需要了解顾客、馆方和世博组委会(包括志愿者)各自的满意标准。在利益方面同样要考虑这三个方面的利益需求,借用世博会的会徽,这三方必须互相支撑才能办好世博会。

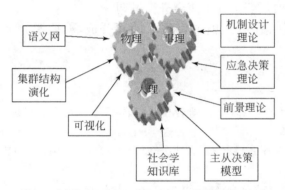

图 3.14　物理、事理、人理与 973 课题研究关系

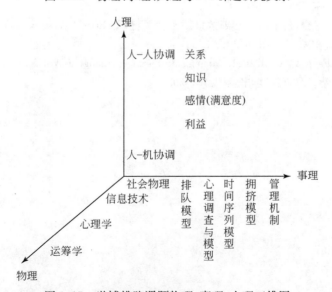

图 3.15　世博排队课题物理、事理、人理三维图

　　其次,探索研究世博排队的可能性。我们课题组由横向跨各子课题的成员组成。王波长期在世博管理局协助研究,曾作为聘请的研究员在世博会工作过两年,积累了大量有关世博会排队问题的经验和人脉。并应用 EXTEND 软件开展了一些排队现象的模拟。宋利和解蓉在世博管理局的信息中心工作,并有信息技术研究基础。顾基发、徐山鹰、房勇有运筹学与系统工程方面研究基础,顾基发的研究生论文即研究带调度员的服务系统,并曾做过我国港口驳船排队调度问题。时勘有心理学研究基础,长期从事社会心理学研究,并在奥运会期间研究过观众的心理。这次研究中设计了心理问卷,并在志愿者中开展这方面问卷调查。周涛、韩筱璞有行人动力学研究基础。最后在工作中得到了世博管理局和志愿者的协助。

　　我们在研究中进行了大量的网上信息调查和直接的文献调查。特别是进行了世博现场调查,王波还到国外世博会进行过调查。

　　为了叙述方便,在第二篇中将排队问题分成物理、事理和人理三个层面来分析。

参 考 文 献

顾基发,徐山鹰,房勇,等.2011.世博会排队集群行为研究.上海理工大学学报,33(4):312—320.

宋利,时勘.2013.信息平台与志愿者管理视角——2010 年世博会排队分析.上海交通大学,中国科学院大学.

网易世博.2010.世博十大热点话题.http://expo.163.com/photoview/2G0R0094/243.html♯p= 6K2I5J1E2G0 R0094[2010-08-12].

杨甜甜.2010.世博会开园 100 天 细数世博十大关键词.http://news.xinhuanet.com/world/2010—08/08/c_12421050.htm[2010-8-8].

Gu J F,Xu S Y,Fang Y, et al. 2011. Queuing problems in Shanghai World Expo//刘怡君,周涛,等.社会动力学.北京:科学出版社:10—29.

第二篇 排队行为的物理、事理、人理分析

　　早在 1910 年,丹麦电话工程师 Erlang 从电话通信系统的话务量中拥挤问题出发,开始了排队论研究,后来人们去研究更一般的存在于社会、生产活动中的排队行为。早期,人们更多把排队现象当成一种物理现象来研究,借用了物理学中统计热力学统计平衡理论,并没有对排队者的心理活动做更多的研究。Maister 系统地提出排队中的心理研究后,人们终于明白,同样的顾客群、服务设备,如果了解顾客的心理需求,只要对服务适当加以改进就会使服务效果大为改进。更进一步地,如果把顾客、服务设备和它们的拥有者,或者服务方,甚至政府管理方都包括进来作为一个更大的社会系统来考虑,那么受益的将不单是参加排队要求服务的顾客。对顾客来说,他们希望排一个队长更短、等待时间更少、排队环境更轻松的队;而对于服务提供方来说,他们希望少用一些服务人员、服务设备利用更充分一些,而能服务到的顾客尽可能多一些,以达到更好的经济效益和社会效益;对于社会和政府管理方来说,他们往往希望服务经济繁荣会给全社会带来更多的经济效益,同时又担心出现太多顾客过度拥挤会造成践踏事故,给社会带来极大的负面影响。这正好为系统科学提供了一个很好地协调这三方利益的研究平台。本篇将利用系统方法论之一的物理、事理、人理系统方法论在第4~6章分别从物理、事理、人理三个层面来分析世博会中的排队行为。

第 4 章　排队的物理层面分析

4.1　几个排队论物理层面分析结果

一个排队服务系统一般由顾客流,服务机构(入口,场馆,道路,广场)和排队的服务规则组成。另外,由于上海世博会园区面积很大,而且横跨浦江两岸,因此上海世博会的出入口也成了服务系统的重要组成部分,它的服务由入口检票以及接受安检组成。对于有些展馆,如中国馆,服务系统还包括预约的作用。在经典的排队论中,当顾客到达流为泊松流(M),服务时间为负指数分布(M),且服务台为 n 个时,常用 $M/M/n$ 表示这类服务系统。这时有很好的解析公式可以用来计算队长、等待时间以及服务机构的空闲率等排队服务系统的各种性能指标。如果设 λ 为平均到达率,μ 为平均服务率,则它的服务强度就用 $\rho = \lambda/n\mu$ 来表示。只是实际生活中到达流往往不是泊松流,服务时间也不一定是负指数分布,所以想利用解析表达式是很难的。更难解决的是得到复杂排队网络系统的解析公式,当然在某些假设情况下对复杂排队网络也有些近似公式(Tian,1981)。

上海世博会中出现的排队现象对于一个单独的展馆或入口可以称为简单的单一服务站系统,但是当从一个展馆出来时,就面临有多个选择:去另一个展馆,去一个演出场馆,去一个休闲空地休息等。由所有展馆、演出场馆以及馆间空地和其他设施等组成一个极为复杂的有着并、串联关系的排队网络。顾客的到达流也明显不是平稳流,取决于到达的位置(不同的出入口见表 3.1 和表 3.2)和时段。在同一个月内表现出某些周期性,例如,周六和周日的高峰现象(图 3.5 和图 3.6),同一天内也有明显差别,在 9∶30 有一个高潮,下午 17∶00 又有一个高潮(表 3.3 和表 3.4)。作为服务机构的场馆内服务设置更为复杂,例如,沙特馆以放电影为主,每场电影服务人数即电影馆的座位数,服务时间基本是固定时间;加拿大馆后来改造成流水线式服务,因此服务效率较高;还有复合式的,如澳大利亚馆,既有顾客随机的参观,也有放广告式电影的表演,顾客被批量服务。排队规则同样五花八门,如沙特馆,由于等待入馆排队太长,等待时间又特别长,有一段排队用几百人一块的切块式批量排队,每一块移动时要等前一块撒空,才由武警领着前进。更多的馆是曲折 S 形前进。而加拿大馆采用绕展馆一字长蛇形,使人不感到有等待的感觉,因为参观者一直几乎不停地在往前走,顾客感觉已经开始被服务了。还有像德国馆门前队太长,为了不让老人、小孩、残疾人排队时间太长,身体吃不消,曾采取这些特殊参观者可以优先排队的措施。可惜由于有些参观者素质不高,假装或顶替,或一个残疾人由多个人陪着,最后馆方只得取消这个优先权。最令我们感到为难的是,各馆所采用的服务是由各组织国自己全权负责的,中方难以进去搜集服务时间分布的规律。但是各馆外面参观者排队的人数以及等待的时间,由于世博会组织方组织人力人工统计并利用大量的探头视频,是可以记录和分析这些数据的。

　　上面提到的难点使得常规的简单采用解析形式的排队论模型,如 $M/M/1$、$M/M/n$、$M/D/1$(其中 D 表示等长服务时间)、$G/G/n$(其中 G 表示一般分布)等及其解析公式,来讨论和解决实际的复杂排队问题常难以奏效。但是注意到排队论中的 Little 公式($L=\lambda W$,其中 L 为平均队长,λ 平均到达率,W 为平均排队时间),由于适合于各种顾客流以及服务分布,因此在已知平均队长 L,平均等待时间 W 时,就可以算出平均到达率 $\lambda=L/W$,并且可以算出服务强度(或通过强度)$\rho=L/(1+L)$[当然对于有 n 个服务台的情况,也许该用 $\rho=L/(n+L)$,但是对于大部分队长很大,而服务台不多时,它们的差别是并不明显的]。Little 公式的有效性,一般排队理论都承认,并且在我们绘制的排队队长和等待时间在大多数馆的两个相应图中也可证实(顾基发等,2011)。另外,国际上也有人在实际应用排队论时,特别注意应用 Little 公式。

　　下面计算各馆的参观人数、排队人数队长、平均等待时间、服务强度。

　　选取部分场馆按照解蓉等提供的队长和排队等候时间数据再加工后,进一步算出 λ 和 ρ(表 4.1)(顾基发等,2011,Gu et al.,2011)。通过这 4 组数据的比较,可以看到一些场馆的队长情况,如沙特馆的队很长(4230 人),排队等候时间也长(253min),但是顾客到达率不是最高的(17 人/min),远不如中国馆(68 人/min),也不如德国馆(21 人/min)。但是这三个馆的话务强度却相当,分别为 0.9998(沙特馆)、0.9997(中国馆)、0.9998(德国馆)。这些数据正好反映这样一个事实,拥挤的馆不一定服务到的人也多。在一次各馆负责人参加的会议上,加拿大馆馆主大山就说,不是谁的馆前面队最长,就应是最热门的馆,如沙特馆,其实服务到的参观者并不多,每天大概 2 万,而加拿大一天能接待 4 万~5 万人,因此从效率看,加拿大馆比沙特馆做得要好。

表 4.1　138 个馆平均队长 L、平均排队时间 W、平均到达率 λ 和通过强度 ρ

场馆名称	总平均队长 L/人	总平均排队时间 W/min	$\lambda=L/W$ (人/min)	$\rho=L/(1+L)$	场馆名称	总平均队长 L/人	总平均排队时间 W/min	$\lambda=L/W$ (人/min)	$\rho=L/(1+L)$
新能源馆	0.0013	0.0010	1.3000	0.0013	城市地球馆	84.2996	1.3335	63.2177	0.9883
省区市馆	321.5626	2.4540	131.0375	0.9969	城市人馆	35.9956	0.6440	55.8931	0.9730
中国馆	3332.5337	48.8424	68.2304	0.9997*	城市生命馆	4.9978	0.0985	50.7522	0.8333

续表

场馆名称	总平均队长 L/人	总平均排队时间 W/min	$\lambda=L/W$ /(人/min)	$\rho=L/(1+L)$	场馆名称	总平均队长 L/人	总平均排队时间 W/min	$\lambda=L/W$ /(人/min)	$\rho=L/(1+L)$
非洲联合馆	11.5665	0.2786	41.5118	0.9204	英国馆	1396.9224	104.0110	13.4305	0.9993
尼泊尔馆	135.3346	6.2332	21.7120	0.9927	白俄罗斯馆	23.7615	1.8062	13.1553	0.9596
澳大利亚馆	683.1496	31.4694	21.7084	0.9985	太平洋联合馆	6.5398	0.5157	12.6802	0.8674
德国馆	4169.8027	201.7063	20.6726	0.9998*	美国馆	1073.7352	85.8891	12.5014	0.9991
卢森堡馆	113.5292	5.7352	19.7951	0.9913	加共体联合馆	10.5568	0.8527	12.3805	0.9135
泰国馆	946.6273	48.0455	19.7027	0.9989	震旦馆	229.9915	19.4685	11.8135	0.9957
法国馆	1643.1916	84.7212	19.3953	0.9994	葡萄牙馆	300.6532	25.8540	11.6260	0.9967
荷兰馆	147.2907	7.6146	19.3431	0.9933	越南馆	1.4654	0.1273	11.5120	0.5944
西班牙馆	1522.4331	80.0167	19.0265	0.9993	加拿大馆	357.2512	31.3783	11.3853	0.9972
城市足迹馆	379.1752	20.4124	18.5757	0.9974	亚洲联合馆2	96.2008	8.5070	11.3084	0.9897
欧洲联合馆2	49.4231	2.6629	18.5601	0.9802	波黑馆	18.9193	1.7071	11.0824	0.9498
公众参与馆	78.0890	4.2326	18.4494	0.9874	捷克馆	25.8343	2.3371	11.0538	0.9627
亚洲联合馆3	80.5162	4.7992	16.7770	0.9877	石油馆	2614.4133	238.8376	10.9464	0.9996*
沙特馆	4230.3718	253.2743	16.7027	0.9998*	印度馆	377.5197	35.0521	10.7703	0.9974
印尼馆	188.0840	11.5031	16.3508	0.9947	中南美洲联合馆	12.8715	1.1973	10.7506	0.9279
生命阳光馆	37.4044	2.3423	15.9692	0.9740	伊朗馆	74.9738	7.0074	10.6992	0.9868
新西兰馆	130.8202	8.4790	15.4287	0.9924	柬埔寨馆	61.5831	5.7918	10.6329	0.9840
欧洲联合馆1	42.4818	2.7826	15.2672	0.9770	阿根廷馆	103.1850	9.8948	10.4282	0.9904
瑞士馆	1676.7808	110.5493	15.1677	0.9994	秘鲁馆	96.3687	9.3143	10.3463	0.9897
比利时馆	440.8711	29.2521	15.0714	0.9977	黎巴嫩馆	55.9405	5.5254	10.1243	0.9824
日本馆	3506.6492	236.7913	14.8090	0.9997*	哥伦比亚馆	165.5375	16.3661	10.1147	0.9940
意大利馆	1220.7321	82.9851	14.7103	0.9992	卡塔尔馆	118.1212	11.7038	10.0925	0.9916
朝鲜馆	16.3298	1.1260	14.5027	0.9423	俄罗斯馆	1043.4862	103.5042	10.0816	0.9990
韩国馆	2441.2117	172.9536	14.1148	0.9996	马来西亚馆	165.1815	16.4256	10.0563	0.9940
匈牙利馆	113.6396	8.0539	14.1098	0.9913	土库曼斯坦馆	62.2113	6.2170	10.0067	0.9842
波兰馆	511.4358	37.9281	13.4843	0.9980	阿尔及利亚馆	39.6098	3.9671	9.9845	0.9754

场馆名称	总平均队长 L/人	总平均排队时间 W/min	$\lambda=L/W$ /(人/min)	$\rho=L/(1+L)$	场馆名称	总平均队长 L/人	总平均排队时间 W/min	$\lambda=L/W$ /(人/min)	$\rho=L/(1+L)$
巴基斯坦馆	111.5311	11.2406	9.9222	0.9911	乌克兰馆	31.8150	3.9145	8.1274	0.9695
阿曼馆	127.9724	12.9221	9.9034	0.9922	冰岛馆	187.8167	23.6129	7.9540	0.9947
摩洛哥馆	116.8373	11.8176	9.8867	0.9915	斯里兰卡馆	38.2896	4.8307	7.9263	0.9745
中国船舶馆	748.8520	76.9515	9.7315	0.9987	信息通信馆	753.7168	96.3988	7.8187	0.9987
摩纳哥馆	136.7247	14.3073	9.5563	0.9927	瑞典馆	333.8799	43.5655	7.6639	0.9970
塞尔维亚馆	111.4327	11.9404	9.3324	0.9911	立陶宛馆	19.0456	2.4884	7.6538	0.9501
香港馆	615.0831	66.0961	9.3059	0.9984	韩国企业联合馆	138.9711	18.4728	7.5230	0.9929
世博会博物馆	129.1769	13.9481	9.2612	0.9923	国家电网馆	414.0306	55.3529	7.4798	0.9976
利比亚馆	2.1613	0.2345	9.2150	0.6837	菲律宾馆	29.5385	3.9768	7.4277	0.9673
墨西哥馆	125.2280	13.5989	9.2087	0.9921	亚洲联合馆1	30.8924	4.2633	7.2460	0.9686
突尼斯馆	14.1464	1.5498	9.1281	0.9340	太空家园馆	1221.0204	172.1446	7.0930	0.9992
巴西馆	322.2236	35.9031	8.9748	0.9969	拉脱维亚馆	117.3323	16.5620	7.0844	0.9915
希腊馆	123.4489	13.7904	8.9518	0.9920	上海企业联合馆	460.9702	66.2730	6.9556	0.9978
爱尔兰馆	141.2933	15.9470	8.8602	0.9930	新加坡馆	367.6728	53.5936	6.8604	0.9973
委内瑞拉馆	23.4349	2.6523	8.8355	0.9591	爱沙尼亚馆	38.9325	5.8395	6.6670	0.9750
土耳其馆	177.9890	20.2210	8.8022	0.9944	国际组织联合馆	10.5206	1.6207	6.4912	0.9132
智利馆	37.6896	4.2876	8.7904	0.9742	日本产业馆	836.9337	130.9532	6.3911	0.9988
斯洛文尼亚馆	38.6300	4.3959	8.7878	0.9748	上汽集团—通用汽车馆	1133.1633	180.8724	6.2650	0.9991
挪威馆	169.6405	19.5090	8.6955	0.9941	文莱馆	7.5984	1.2463	6.0969	0.8837
尼日利亚馆	6.2736	0.7278	8.6205	0.8625	以色列馆	303.0293	52.0315	5.8240	0.9967
南非馆	204.0991	24.5331	8.3193	0.9951	克罗地亚馆	57.7729	9.9636	5.7984	0.9830
丹麦馆	259.3555	31.3319	8.2777	0.9962	远大馆	420.4915	75.1548	5.5950	0.9976
乌兹别克馆	100.2502	12.1570	8.2463	0.9901	奥地利馆	139.8260	25.1438	5.5611	0.9929
芬兰馆	216.2253	26.2552	8.2355	0.9954	可口可乐馆	962.0706	182.6412	5.2675	0.9990
古巴馆	3.0842	0.3762	8.1993	0.7552					

场馆名称	总平均队长 L/人	总平均排队时间 W/min	$\lambda=L/W$ /(人/min)	$\rho=L/(1+L)$	场馆名称	总平均队长 L/人	总平均排队时间 W/min	$\lambda=L/W$ /(人/min)	$\rho=L/(1+L)$
民营企业联合馆	384.5238	75.2772	5.1081	0.9974	中国铁路馆	207.7381	62.5085	3.3234	0.9952
埃及馆	318.6015	64.4695	4.9419	0.9969	上海案例馆	6.8680	2.0752	3.3096	0.8729
阿联酋馆	577.9134	118.0328	4.8962	0.9983	罗马尼亚馆	112.7865	35.4923	3.1778	0.9912
国际信息发展网馆	23.3443	5.1780	4.5083	0.9589	欧登赛案例馆	0.0415	0.0131	3.1667	0.0399
马德里案例馆	7.4895	1.6967	4.4142	0.8822	阿尔萨斯案例馆	3.5979	1.1368	3.1649	0.7825
澳门馆	287.4926	66.1778	4.3442	0.9965	成都案例馆	0.9886	0.3177	3.1114	0.4971
中国航空馆	637.3631	147.6811	4.3158	0.9984	温哥华案例馆	9.8842	3.2295	3.0606	0.9081
世界贸易中心协会馆	2.7581	0.6995	3.9431	0.7339	哈萨克斯坦馆	263.1387	100.4304	2.6201	0.9962
西安案例馆	2.6084	0.6635	3.9315	0.7229	汉堡案例馆	27.6403	11.7159	2.3592	0.9651
联合国馆	28.5521	7.9532	3.5900	0.9662	安哥拉馆	39.1521	18.0605	2.1678	0.9751
罗阿案例馆	0.8955	0.2557	3.5026	0.4724	葡萄牙案例馆	0.3549	0.1809	1.9614	0.2619
宁波案例馆	8.0319	2.3003	3.4917	0.8893	世界气象组织馆	85.1684	45.6715	1.8648	0.9884
麦加米纳案例馆	12.7019	3.6722	3.4589	0.9270	中国人保企业馆	60.2526	33.7304	1.7863	0.9837
伦敦案例馆	2.6311	0.7640	3.4439	0.7246	思科馆	196.8971	113.0459	1.7417	0.9949
红十字组织馆	13.2305	3.8841	3.4064	0.9297					
万科馆	245.0068	72.3537	3.3862	0.9959	台湾馆	86.9204	51.2782	1.6951	0.9886

* 表示 ρ 值为 0.996(含)以上的馆

4.2　片区复杂排队网络的仿真演算

4.1 节主要是对单个服务展馆情况进行一些排队结果的数量描述。对于整个展区以及一些片区排队现象的描述就更为复杂了,因为这里是多入口、多展馆,有的展馆间还夹杂一些别的中心或休闲场所以及通道,完全是一个复杂排队网络,对其构成解析排队模型十分困难(图 2.5 和图 4.1)。尽管通过世博信息中心的努力也收集到一些片区的有关排队数据,除了 4.3 节和 4.4 节中在排队片区转移和各馆之间的相关性分析做出一些结果,总体上没有在解析分析上做太多努力。但是对于复杂排队网络,采用计算机仿真的方法也许更能描述一些考虑到顾客行为的复杂排队现象。对于上海世博会 B 片区的复杂排队现象,Wang 等用 EXTEND 软件进行了仿真模拟(Wang et al.,2010)。B 片区位于 A 片区西侧、浦东卢浦大桥以东,该片区中包括世博轴、中国馆、主题馆、东南亚和大洋洲部分国家馆、国际组织馆和公共活动中心以及演艺中心等建筑,由于特色场馆相对集中,该片区为游客相对集中的一块区域(图 4.1)。

整个 B 片区顾客排队模拟流程参见图 4.2。模拟中在 B 片区内顾客产生流动行为决策的因素主要考虑以下几点。

(1)距离:近的场馆比远的场馆要优先进行参观。

(2)场馆特色:特色场馆对游客的吸引力明显比非特色场馆要大。例如,B 片区内的中国馆即为特色场馆。

(3)场馆是否已访问过:认为游客重复参观同一场馆的可能性很小。

(4)场馆排队长短情况:一般愿意选择队短的馆。

(5)游客离开展区的行为:游客在展区内逗留的时间超过其意愿参观时间时,游客将会选择离开展区。

图 4.3 和图 4.4 是仿真的结果。图 4.3 表示进展区人数、离展区人数和展区内人数;图 4.4 表示特色场馆中国馆、主题馆、外国馆、国际联合馆在不同时刻馆内人数;中央服务区、世博中心、世博公园和演艺中心不同时刻的人数。当然这仅是在一定假设下的模拟结果,而且模拟时也在世博的较早期,因此与实际情况是有差距的。

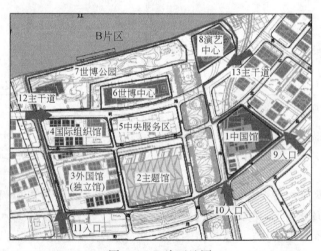

图 4.1　B 片区地图

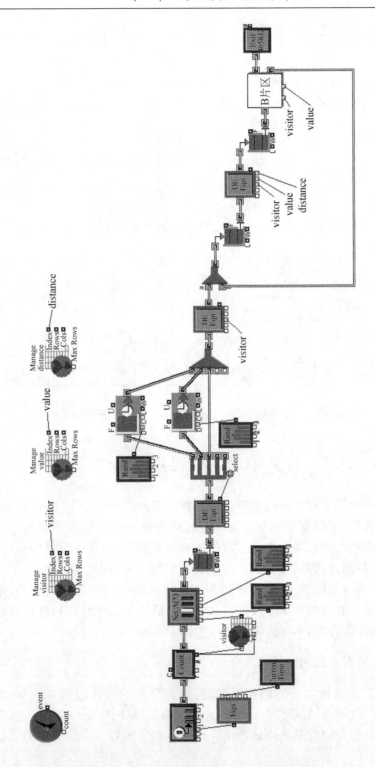

图 4.2　B 片区模拟流程

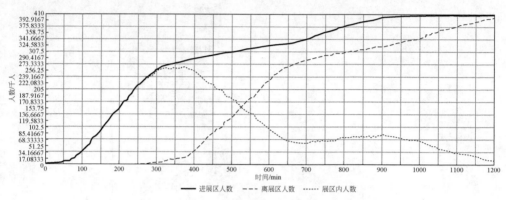

图 4.3　进 B 展区人数,离展区人数和展区内人数

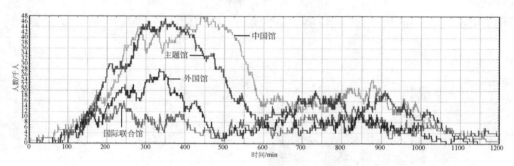

图 4.4　B 展区中国馆、主题馆、外国馆、国际联合馆在不同时刻馆内人数

4.3　排队中片区参观者转移研究

上海交通大学胡玉婷等研究世博会期间参观客流在 A、B、C、D、E 五个片区间的移动问题。首先,采样每个参观日在固定时间间隔下各片区人数和各出入口的出入人数作为样本数据。通过对样本数据的筛选和处理,选取一致性较高的样本。然后,以各片区间的连通关系为基础,建立状态转移模型,模拟客流走向。最后,设定目标函数,利用一定的约束条件,通过利用最优化中的非线性规划方法,来预测从某一时刻到下一时刻各片区客流的移动情况。提出了基于状态转移的客流移动模型,以转移矩阵的方式,对片区人数进行预测(Hu et al. ,2013a,2013b)。

4.3.1　各片区游客人数的统计

通过访问上海世博会官方数据库发现,每天自 9：00 开园到 24：00 闭园的15h 内,共有约 170 个数据采样点。每个采样点会记录在该采样时刻下,五个片区的游客人数以及自开园起的八个地面出入口的游客进园数和出园数。为了能够更好地完成对下一个采样点五个片区游客人数的预测,选择一致性较高的样本就显得非常重要。下面以月为单位,统计每日入园人数,进而计算该月日入园人数的样本均值和样本方差,从稳定性的角度出发,选择最佳的样本数据。

为了迎接来自各地的游客,上海世博会园区共设置 13 个出入口,其中包括 1 个轨道交通出入口、8 个地面出入口,4 个园外水门。在上海世博会期间,绝大部分游客都会选择从地面出入口进出园区。在 8 个地面出入口中,浦西世博园区有 3 个,浦东世博园区有 5 个,具体出入口名称及编号见表 4.2。上海世博会园区按不同的参展场馆分布分为 A、B、C、D、E 五个片区,A、B、C 三个片区位于浦东,D、E 两个片区位于浦西,每个片区所包括的参展场馆见表 2.3。

表 4.2 上海世博会地面出入口位置及名称

出入口位置	出入口名称
浦西园区	鲁班路出入口(1 号口)、西藏南路出入口(2 号口)、半淞园路出入口(3 号口)
浦东园区	白莲泾出入口(4 号口)、高科西路出入口(5 号口)、上南路出入口(6 号口)、长清路出入口(7 号口)、后滩出入口(8 号口)

本节主要研究的是上海世博会期间参观客流在各个片区之间移动问题的建模和预测。通过在固定采样频率下对各片区游客人数的统计,预测下一个采样点各片区的游客人数。样本数据以天为单位,主要包括每一个采样点下 5 个片区的游客人数和 8 个地面出入口的净入园人数(即入园人数-出园人数)。4.3.2 小节就是介绍如何对采集的样本数据进行筛选,从而提高预测的准确性。在 4.3.3 小节中,提出了基于状态转移的客流移动模型,以转移矩阵的方式,对片区人数进行预测。在 4.3.4 小节中设定目标函数和约束条件,通过最优化求解非线性规划问题,从而计算得到每个采样点在该模型下的转移矩阵,最终获得比较准确的预测结果。

4.3.2 建立客流移动模型

上海世博会园区的 8 个地面出入口承担了入园和出园的绝大多数客流,他们的位置对各个片区人数的分布有很大的影响。通过观察世博园地图发现,两个片区共同拥有的出入口涌进来的人数未必平分秋色地进入相应的两个片区。事实上,可以对对两个片区公共出入口人数向两个片区的分流情况利用最优化方法进行求解。对各片区拥有的出入口数量先做如下简化计算:

(1)各片区独立拥有的出入口,计为 1 个。

(2)两个片区共同拥有的出入口,需要设定相应参数:以 6 号出入口为例,6 号出入口为 A、B 片区所共有,净入园人数分别按一定比例涌入 A、B 片区并且比例加和等于 1。换言之,如果设定 6 号口进入 A 片区的比例是 α,那么进入 B 片区的比例就是 $1-\alpha$。当然,α 这个参数在不同天不同时刻不同,可以在用优化方法计算转移概率矩阵的同时,得到不同天不同时刻的 α。计算各个片区拥有的地面出入口数量,是因为在每个采样点下,如果用各片区的人数减去对应出入口的净入园人数,就可以将整个世博园区独立起来,从而避免考虑外界对各片区人数所造成的影响,进而更好地模拟客流的移动情况。

4.3.3　建立状态转移模型

这里主要任务是在某一采样时刻下各片区的人数预测下一采样时刻各片区的人数,从而模拟客流的移动情况。对应 t_{i+1} 时刻下各园区人数的预测值。将采用非线性规划的方法,求解预测误差最小的转移矩阵 $\boldsymbol{P}_{t_i}$(此处具体公式见 7.1.2 小节)。

4.3.4　预测结果

这里用表 4.3 表示 5 个片区顾客转移的情况。表 4.3 的水平方向上,所有片区到 B 和 C 片区的转移概率参数相对最大,其次是所有片区到 A、D 的转移概率,最小是所有片区到 E 片区的转移概率。分析原因:B 片区有泰国馆、澳大利亚馆等排队时间不是特别长,却也很好看,被认为是性价比很高的馆;而其他大部分的场馆参观是基本不用排队,一定的时间内可以参观较多的场馆;且连通 A、C 片区,是A、C 片区之间的必经之路,游客如果感觉到 A、C 片区过于拥挤或是参观排队时间太久,可以先在 B 片区至少先转一转,再考虑花大把的时间去排其他片区比较热门的场馆。至于 C 片区,因为国家场馆数众多,相对其他片区的场馆会大些,且瑞士馆、德国馆、美国馆等对游客都比较有吸引力,所以游客很倾向于到 C 片区游玩,一方面看看热门馆的排队情况,选择性排队;另一方面,也可以趁排队之余,顺带看看其他的国家馆。其次是到 A、D 片,原因是 A 片区含有中国馆、沙特馆、日本馆等比较热门的场馆,但其他场馆评价平平,D 片区有相对更吸引眼球的石油馆、可口可乐馆、日本产业馆等。已经在世博会园区的人转移到 E 片区的概率相对要小,E片区较冷清。总体来看,有电影或是互动的国家馆和部分企业馆更受游客爱戴。表 4.3 的垂直方向上,由 A、D、E 转移出来的概率普遍要比 B、C 转移出来的概率大。人流的流向大致是 A、D、E 向 B、C 汇聚。表示 5 个片区顾客转移的情况。大致流向是 E→D。

表 4.3 表示分区停留概率大小

分区＼分区	A	B	C	D	E
A	大	大	大	中	小
B	小	大	大	中	较小
C	小	大	大	中	较小
D	较中	大	大	中	小
E	中	大	大	中	中

4.4 排队现象相关性研究

　　杭州师范大学尤志强等曾对世博排队现象中两类相关问题加以研究:①单个馆当日与次日队长以及等待时间的相关性;②不同两个馆之间队长以及等待时间的相关性。拥挤环境下的行人流疏导与高效排队方法的研究对于应急疏导与社会安全有着重要意义。这里对上海世界博览会期间,各个场馆的排队长度和时间数据的自相关特性和场馆之间的相关特性进行了全面分析。研究发现,在访问量较高,平均排队长度较长的场馆,其客流呈现明显的正相关特性,而小流量场馆则有着很大的不确定性。此外还发现,一些临近场馆之间的客流相关性版图有着高度的相似性。这种基于相关性的讨论,有助于构建整个景点的客流版图和行人流预测(尤志强等,2013)。

4.4.1 单个馆当日与次日队长以及等待时间的相关性

　　对各个场馆每天平均排队长度 L 和平均等待时长 T 分别绘出了其相关性斑图。发现大部分排队较长的场馆,平均排队长度 L 随时间 d(日)的演化呈现出明显的正相关特性。这种正相关特性在 $L(d)$-$L(d+1)$ 图上表现为大多数数据点出现在直线 $y = x$ 附近,说明如果某天的平均排队长度增加或者减少了,那么在后面一天里有更大的可能排队长度继续以相同的趋势变化,如图 4.5 所示。平均等待时长 T 的变化趋势也与此类似,如图 4.6 所示。但是对于有些平均排队较短的场馆,这种正相关特性并不明显,如伊朗馆等(图 4.7)。这种相关性的差异,反映出高流量场馆有着较为固定的客源,而小流量场馆的客源有较大的不确定性。

　　(1)排队较长的场馆的相关性斑图。

　　图 4.5 的数据点坐标分别为每天的平均排队长度 $L(d)$ 和后一天的平均排队长度 $L(d+1)$,图 4.6 为相应各天和后一天的平均等待时长 T。其中 d 表示日期。

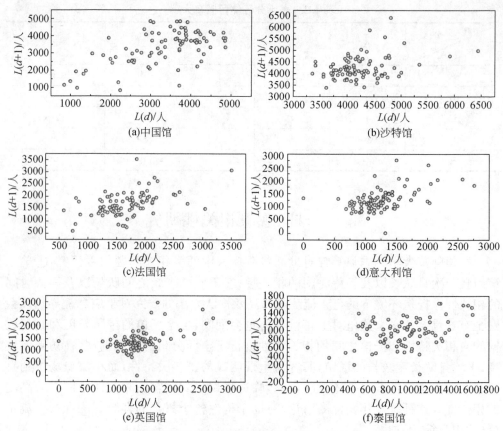

图 4.5　排队较长的场馆每天的平均排队长度 $L(d)$ 和
后一天的平均排队长度 $L(d+1)$ 分布图

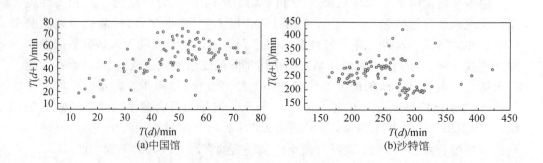

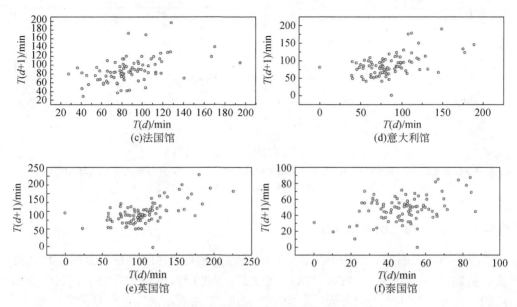

图 4.6 排队较长的场馆每天的平均等待时长 $T(d)$ 和
后一天的平均等待时长 $T(d+1)$ 分布图

(2)排队较短的场馆的相关性斑图。

排队较短的场馆的相关性斑图如图 4.7 所示。

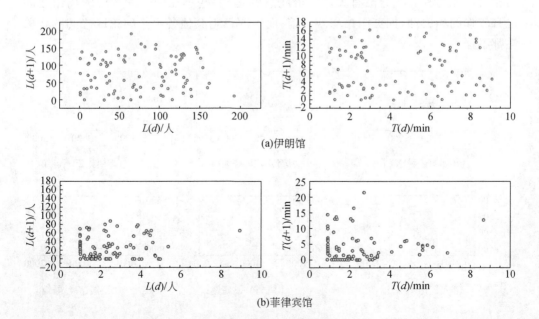

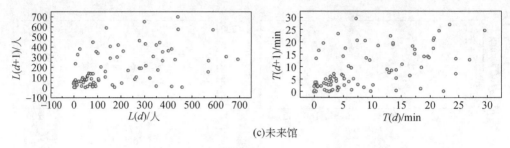

(c)未来馆

图 4.7　排队较短的场馆相关性斑图

左图表示每天的平均排队长度 $L(d)$ 和后一天的平均排队长度 $L(d+1)$ 分布图,右图表示每天的平均等待时长 $T(d)$ 和后一天的平均等待时长 $T(d+1)$ 分布图

4.4.2　不同场馆之间的相关性

有些场馆之间的日平均排队长度与时间的变化趋势之间存在明显的正相关特性。例如,英国馆和意大利馆之间的正相关性特别强烈,如图 4.8 所示。其中数据点的坐标分别为两个场馆各天的平均排队长度,横轴表示前一个场馆的排队长度,纵轴表示后一个场馆的排队长度。不同场馆之间的相关性强弱不同,较小流量的场馆之间的相关性非常微弱。这种相关性的强弱反映出一些场馆可能有着高度重叠的旅客源,大批旅客参观其中一个后当日奔往另一个,特别是被安排在位置相近片区的场馆,如英国馆与意大利馆、英国馆与法国馆等;而较小流量的场馆之间的弱相关可能与其客源分散有关。值得注意的是,一些不在同一片区内的场馆之间也有较强的相关性,如英国馆与沙特馆;而中国馆与其他各个热门馆区之间的相关性都不强烈。

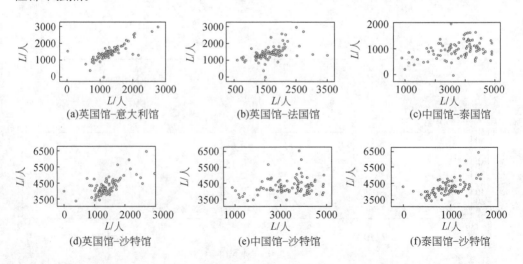

(a)英国馆-意大利馆　　　(b)英国馆-法国馆　　　(c)中国馆-泰国馆

(d)英国馆-沙特馆　　　(e)中国馆-沙特馆　　　(f)泰国馆-沙特馆

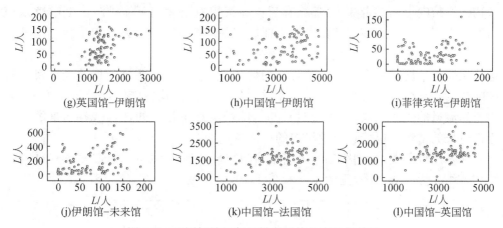

图 4.8　不同场馆间每日排队平均长度的相关性

4.4.3　场馆的访问流量分别与平均排队长度序列和平均等待时长序列自相关性的关系

对 40 个场馆每天的平均排队长度 L 和平均排队时长 T 分别计算了它们的自相关系数,这里使用肯达尔 τ 系数(Kendall's tau coefficient)来表征序列 $L(d)$ 和 $L(d+1)$ 之间的相关性,其中 d 表示日期,该值大小即表示自相关性强弱,对于等待时长自相关性采用相同计算方法,即对 $T(d)$ 和 $T(d+1)$ 序列进行计算。

肯达尔 τ 系数也称为肯达尔秩相关系数,用来衡量两个序列排序的一致性程度。假设有两个同等长度的序列 X 和 Y,那么可以得到两个序列的二元约束集 $(x_1,y_1),(x_2,y_2),\cdots,(x_n,y_n)$,这里 (x_i) 和 (y_i) 都是唯一的。对于任意一对约束集 (x_i,y_i) 和 (x_j,y_j),如果 $x_i>x_j$ 和 $y_i>y_j$ 或者 $x_i<x_j$ 和 $y_i<y_j$,那么说明该对约束集排列完全一致;如果 $x_i>x_j$ 和 $y_i<y_j$ 或者 $x_i<x_j$ 和 $y_i>y_j$,说明该对约束集排列完全不一致;如果 $x_i=x_j$ 或者 $y_i=y_j$,则说明该对约束集排列既非一致也非不一致。肯达尔 τ 系数计算公式定义如下:

$$\tau=\frac{n_c-n_d}{\frac{1}{2}n(n-1)} \tag{4.1}$$

式中,n_c 表示排列一致的约束集对的数目;n_d 表示排列不一致的约束集对的数目;n 表示序列中元素的数目。

该系数值 τ 存在以下特性:如果两个序列排序完全一致,则该系数值为 1;如果两个序列排序完全不一致,则该系数值为 -1;如果两个序列独立,不相关,那么该系数近似为 0。该系数值取值范围为 $-1\leqslant\tau\leqslant1$。

系数 τ 值越大表明序列的自相关性越高,在本研究中,说明该场馆如果某天的平均排队长度增加或者减少,那么在后面一天里有更大的可能排队长度继续以相同的趋势变化;同理,该系数也可以表征场馆平均等待时长序列自相关性的强弱。

对于某场馆的访问流量,使用该场馆 8 月 1 日~10 月 31 日共 92 天的日平均排队长度的平均数来表示。由于日平均排队长度能够一定程度上反映场馆每天的访问热度,因此对于场馆 92 天的日平均排队长度的平均数能够反映场馆在 92 天中访问流量的强弱。同样,等待时长与排队长度是正相关的,因此,各场馆的平均等待时长的平均数也能够反映场馆的访问流量的多少。

根据以上描述,分别绘制出各场馆访问流量与其平均排队长度、平均等待时长序列自相关性的分布图,见图 4.9 和图 4.10。

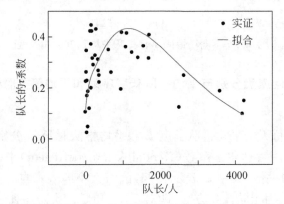

图 4.9　各场馆访问流量与其平均排队长度序列的自相关性的分布图

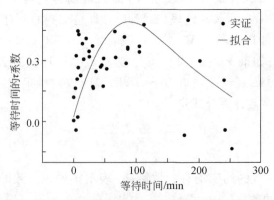

图 4.10　各场馆访问流量与其平均等待时长序列的自相关性的分布图

图 4.9 表示 40 个场馆的访问流量和平均排队长度序列自相关系数的关系,这里的访问流量由各场馆 92 天日平均排队长度的平均数来表征,图 4.10 表示 40 个场馆的访问流量和平均等待时长序列自相关系数的关系,这里的访问流量由各场

馆 92 天日平均等待时长的平均数来表征。图中实心圆点是实证数据点,实线是函数拟合曲线。从图 4.9 和图 4.10 可以看出,点的分布大致呈一个倒置的钟形,并且数据点集中在左侧。分析发现,该分布大致符合非中心卡方分布。图 4.9 说明,对于访问流量小的场馆,其客流相关性不确定,在访问流量为(0,10)时,相关系数的分布范围非常大,为 0.1~0.45;随着访问流量的增加,当处于(10,2000)时,这些场馆的访问量呈现比较明显的正相关性;对于那些访问流量大于 2000 的场馆,其访问量的相关性较小并有降低的趋势。同样,由图 4.10 可以看出,对于等待时长较短的场馆,在(0,20)区间内,其等待时长序列的相关性不确定,分布范围较广;等待时长在(50,150)内的场馆,其等待时长的序列表现出了较强的相关性;对于等待时长大于 150 的场馆,其等待时长序列的相关性较小且呈降低趋势。

4.4.4　世博园区不同场馆之间平均排队长度序列相关性

对世博园区 40 个场馆,我们计算了两两之间平均排队长度序列的相关性。同样使用肯达尔 τ 系数来表征相关性的强弱。根据各馆之间相关性的强弱绘制了园区场馆相关性强度网络图,如图 4.11 所示。我们注意到像美国馆、英国馆、加拿大馆等欧洲国家场馆所在的 C 区与其他区展馆的相关性较强,表明人群普遍倾向于参观 C 区的欧美展馆。而热门馆中,如中国馆、德国馆、石油馆与其他馆的相关性并不强,说明人群参观完这些馆后很可能就结束了当天的游览;但像沙特馆、日本馆、韩国馆等热门馆与其他场馆的相关性比较显著,说明这些场馆很可能被游客作为第一站或者是第二站游览馆。另外,在地理位置较邻近的场馆之间的相关性普遍比较强,如 C 区欧美各展馆,A 区的日本馆与韩国馆;此外,还有一个比较有意思的现象,一些小馆,如未来馆、可口可乐馆、汉堡案例馆,访问流量不高,但与其他馆的相关性较强,很可能这些小馆被游客当成了去往其他馆的跳板,只是随便逛一下,真正的目的地却是其他的热门馆。

对于部分高客流量场馆表现出与其他场馆相关性较弱这一有趣现象,我们做进一步分析,如图 4.12 所示。图 4.12(a)表示场馆访问流量与该场馆分别和其他 39 个场馆之间的日平均排队长度序列的相关系数肯达尔 τ 系数平均值的关系,访问流量由各场馆 92 天日平均排队长度的平均数来表征。这里的场馆访问流量通过图 4.12(a)中访问流量计算方式获得。发现当访问流量超过 2000 时,相关性呈下降趋势。观察图 4.12(b),表示场馆访问流量分别与该场馆和其他 39 个场馆之间日平均等待时长序列的相关系数肯达尔 τ 系数平均值的关系,访问流量由各场馆 92 天日平均等待时长的平均数来表征。这里的场馆访问流量与图 4.12(a)中场馆流量计算方式相同。注意到同样存在和图 4.12(a)中相似的性质,当访问流量很高超过 100 时,相关性趋弱。

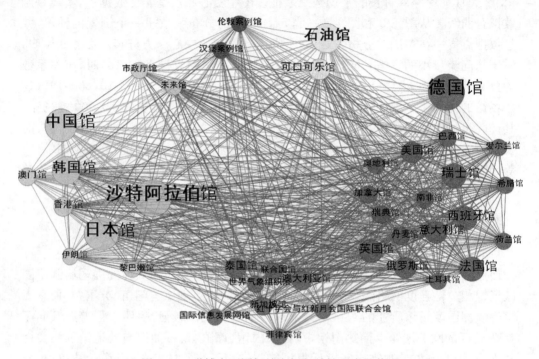

图 4.11　世博会不同场馆之间相关性强度网络图

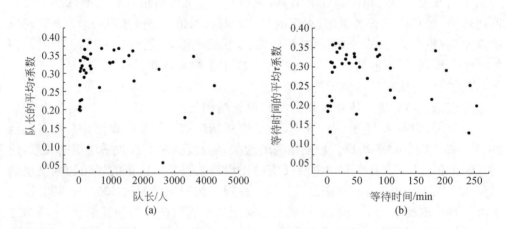

图 4.12　队长和等待时间与其他场馆平均 τ 系数的关系

4.4.5　总结与讨论

本节对世博会各场馆的平均排队长度序列和平均等待时长的自相关性以及不同场馆之间的相关性进行了研究。研究发现,对于访问流量较小的场馆,其队长序列和等待时长序列的自相关性不确定,分布范围很大。对于这一点,我们认为流量小但与其他场馆相关性强的场馆,客流较散,很可能只是作为一些游客去往其他热门馆的跳板,顺便经过一下,并不能吸引稳定客流。另外,流量小并且与其他馆相关性弱的场馆,如伦敦案例馆,属于真正的冷门馆,访客量非常不确定,带有随机成分,甚至多天出现 0 访问量,而某些天能够有几十的游客。对于流量大但与其他馆相关性强、自相关性弱的场馆,如中国馆和德国馆,我们猜测游客游览完这些场馆后,很可能就结束了当天的游览行程,因为这些热门馆排队长度一般 4000 人左右,等待时长平均能够达到 200min,游客会非常疲惫;对于自相关性弱的解释,我们猜测可能是因为排队长度很长,微小的浮动会很频繁。另外,空间距离上相近的场馆,馆间的相关性较强,如日本馆和韩国馆、C 区的欧美各馆,游客倾向于首选距离较近的热门馆。针对访问流量和场馆自相关性的分布分析,我们发现其满足非中心卡方分布,当访问量达到某个临界点时,该场馆的自相关性最强,也就是说如果某天的平均排队长度增加或者减少,那么在后面一天里有更大的可能,排队长度继续以相同的趋势变化。等待时长的变化趋势也与此类似。

以上的发现对于有效疏导游客流、提高场馆排队效率、提升游客的体验都有重要的意义,并且一定程度上可以对园区行人流进行预测。该研究方法同样适用于其他场景,如高峰时期风景区的游客疏导和交通导流等。

4.5　排队时间序列的 Hurst 指数的计算和分析

4.5.1　时间序列的自相似性、Hurst 指数和分数维

英国水文专家 Hurst 在研究尼罗河水库水流量和储存能力的关系时,发现用有偏的随机游走(分形布朗运动)能够更好地描述水库的长期存储能力,并在此基础上提出用重标极差(R/S)分析方法来建立 Hurst 指数(H)[①],作为判断时间序列

---

① 本书具体计算 Hurst 指数的方法不完全相同,清华大学是一家,数学与系统科学研究院徐山鹰老师是一家,政策管理所李倩倩老师又是一家,由于时间局促,计算又烦琐,没有对他们统一管理,因此对个别馆计算出的 Hurst 指数有可能不同,但是其源数据都相同,即由上海交通大学课题组统一提供。但是用之具体计算 Hurst 指数的方法不尽相同,因此个别馆可能会有所出入。因为用途各有侧重,它们反映的总趋势是值得我们关注的。

数据遵从随机游走还是有偏的随机游走过程的指标。在实际的工作中,他发现大多数的自然现象(如水库的来水、温度、降雨、太阳黑子等)都遵循一种有偏随机游动,即一个趋势加上噪声。Hurst 指数对于所有的时间序列都有广泛的用途,它是特别强健的,对被研究的系统所要求的假定很少(Hurst,1951)。该分析方法的基本思想来自于美国数学家、分形理论的创始人 Mandelbrot 提出的分数布朗运动和TH 法则。R/S 分析法能将一个随机序列与一个非随机序列区分开来,通过 R/S 分析还能进行非线性系统长期记忆过程的探寻。

混沌与分形是密切相关的。R/S 分析是分析时间系列曲线相关性的有效方法。也是得出时间系列曲线分维 $D(D=2-H)$ 的有效方法。

洪水过程是时间系列曲线,具有正的长时间相关效应。即干旱越久,就越可能出现持续的干旱;大洪水年过后仍然会有较大洪水。这种特性可以用 Hurst 指数来表示。

有人用 Hurst 指数对多种自然现象的时间系列曲线进行了 R/S 分析,如河湖水位 $H=0.72$,降雨量 $H=0.70$,泥浆沉积 $H=0.69$,温度 $H=0.68$,气压 $H=0.63$,日斑指数 $H=0.75$,树木年轮 $H=0.80$。这些现象平均 $H=0.726$。大多数河流的 H 为 $0.65\sim0.80$,都具有正效应,表示未来的趋势与过去一致,H 越接近1,持续性越强。当 $H<0.5$ 时,序列具有负效应,表示未来的趋势与过去相反,H 越接近 0,反持续性越强。水文序列的正效应,即干旱越久,就越可能出现持续的干旱;大洪水年过后仍然会有较大洪水。洪涝干旱与地区的气象、土壤、地质等自然地理条件有关,但 Hurst 指数显示出洪涝干旱具有变化的长程效应。

Hurst 指数广泛用于资本市场的混沌分形分析,有人研究了中国股票市场的混沌特征,不仅说明了股市运行过程中的混沌特征,而且给出了混沌特征的数量指标,是描述混沌的基本工具。有人以上海股市为例,分析中国股票市场的分形特征。美国学者 Peters 运用 R/S 分析方法对一些市场的数据进行检验,并得出了同投资市场实际情况相一致的结论。他用 1950 年 1 月~1988 年 7 月的数据计算发现,标准普尔 500 指数的 Hurst 指数为 0.78,H 值远高于 0.5,表明美国股票市场不仅不是遵循随机游走的完全正态的市场,其市场的持续性趋势还相当强烈,是一个有偏随机游走。Peters 还发现另外一个有意义的结果,所有单个股票的 Hurst 指数都比 0.78 要小。例如,IBM 股票的 H 值为 0.72,可口可乐的 H 值为 0.70,表明市场组合比单个股票有更强的趋势性和更少的噪声因素,也意味着投资者通过进行市场组合可以增加收益,减少投资风险。这一点同现代金融理论的结论不谋而合。通过在雅虎网下载的上海证券交易所 1997 年 9 月 4 日~2003 年 12 月11 日共 1501 连续交易日的上证收盘指数 $P_t(t=0,1,2,\cdots,1500)$,计算得到 Hurst指数的估计为 $H=0.613$(邱沛光,2004)。

通过对郑州市建成区面积的分析可以得出,$H=0.84$,分维数 $D=1.16$。由于

$H=0.84$，大于 0.5，具有持久性，表示城市过去的变化与将来时间间隔内的变化呈正相关关系。

　　Hurst 指数也可以用来预测网络话题热度，对互联网信息发布数据进行研究，发现网民发布信息具有自相似和长相关特性。通过对各序列的 Hurst 指数估计，揭示了网络论坛日发帖量未来变化与历史的变化趋势一致；低发帖量网民与高发帖量网民发帖量的变化趋势一致，后发帖网民与先发帖网民每日网民发帖量的变化趋势一致等。这些性质对深入认识网络论坛规律、预测网络突发事件等具有一定参考价值。提出一种评价网络论坛舆论的定量指标。试验表明，该指标能有效发现网络突发事件(程葳，2012)。

　　当 $0<H<1$ 时，高斯 H-sssi(self-similar，stationary increment)过程称为分形布朗运动(fractional Brown motion，FBM)。若 $0.5<H<1$，则序列具有长相关性(long range dependence，LRD)。对分形布朗运动过程周期地进行采样然后计算一阶差分，可以得到分形高斯噪声(fractional Gaussian noise，FGN)，它是一个平稳序列。实际的网络流量表现出长相关性，Hurst 指数 H 是描述业务长相关性的重要参数，FGN 是目前应用最为广泛的一种网络流量自相似模型。

　　有人对实际网络流量数据分析了高斯噪声的两个重要参数：分形维度 D 和 Hurst 指数 H，并且给出了分形高斯噪声自相关函数两种不同的统计模型——D 和 H 线性相关的统计模型和 D 和 H 分离的统计模型(柯西类模型)。通过对实际网络流量数据的分析可以得出这样的结论：对于真实的以太网流量，分形维度和 Hurst 指数之间是两个独立影响随机序列统计特性的变量。所以自相关函数模型更适合实际问题(韩忠玲等，2008)。

　　一个具有 Hurst 统计特性的系统，不需要通常概率统计学的独立随机事件假设。它反映的是一长串相互联系事件的结果。今天发生的事将影响未来，过去的事也会影响现在。这正是分析资本市场所需要的理论和方法。传统的概率统计学对此是难办到的。

　　赫斯特指数有以下三种形式：

　　(1)如果 $H=0.5$，表明时间序列可以用随机游走来描述。

　　(2)如果 $0.5<H<1$，表明时间序列存在长期记忆性。

　　(3)如果 $0\leqslant H<0.5$，表明粉红噪声(反持续性)为均值回复过程。也就是说，只要 $H\neq0.5$，就可以用有偏的布朗运动(分形布朗运动)来描述该时间序列数据。

　　人们做过试验，用计算机产生一个随机时间系列曲线，利用均匀随机数给出随机系列，计算它们的 Hurst 指数，其值接近 0.5。如果把尼罗河流量时间系列打乱，再进行 R/S 分析，得到的 Hurst 指数值也接近 0.5。说明没有时间相关性的随机时间系列曲线的 Hurst 指数指数为 0.5。Hurst 指数的一般计算形式在附录 A

有简单介绍。

4.5.2　上海世博会总参观人数序列、各馆排队长度序列和等待时间序列的 Hurst 指数计算

中国科学院数学与系统科学院徐山鹰对世博会总参观人数 180 天时间序列计算了其 Hurst 指数：$H=0.815$；对团队参观人数时间序列也计算了 Hurst 指数：$H=0.990$；而散客参观人数的 Hurst 指数是 $H=0.802$。

这里总参观人数等于团队参观人数与散客参观人数之和，由于散客来参观基本是自发的、自主的，因此每天来参观的人数属于自组织，而团队参观人数是由主办方有意识组织的（或称为他组织），因此 Hurst 指数很接近 1 是可以理解的。

另外，徐山鹰对 25 个场馆的平均等候时间序列的指数和平均队长序列的指数进行计算（表 4.4）。

表 4.4　25 场馆平均等候时间 Hurst 指数和平均队长 Hurst 指数

场馆	平均等候时间 Hurst 指数	平均队长 Hurst 指数	场馆	平均等候时间 Hurst 指数	平均队长 Hurst 指数
沙特馆	0.826	0.709	法国馆	0.743	0.732
日本馆	0.740	0.645	瑞士馆	0.881	0.932
韩国馆	0.759	0.704	西班牙馆	0.801	0.822
澳大利亚馆	0.856	0.785	德国馆	0.644	0.953
南非馆	0.653	0.632	爱尔兰馆	0.801	0.871
巴西馆	0.803	0.690	土耳其馆	0.764	0.821
美国馆	0.932	0.876	希腊馆	0.920	0.936
意大利馆	0.836	0.788	丹麦馆	0.824	0.811
荷兰馆	0.867	0.852	瑞典馆	0.806	0.814
英国馆	0.824	0.874	香港馆	0.850	0.781
奥地利馆	0.913	0.870	城市人馆	0.835	0.781
俄罗斯馆	0.776	0.760	中国馆	0.703	0.705
加拿大馆	0.827	0.678	—	—	—

清华大学郭伟等利用消除趋势波动分析法计算 Hurst 指数。利用所有各场馆日平均排队长度和日平均等待时间的时间序列数据分别计算了它们的 Hurst 指数，分析其长时程关联性。测试表明，大部分场馆的排队和等待现象呈长时程正相关性，部分热门场馆呈长时程反相关性（郭伟等，2013）。

根据他们的计算，每个场馆的排队长度和等待时间序列都得到一个 H 值。不妨令第 i 个场馆的 H 值为 $H_i=(H_{\text{queue},i}, H_{\text{wait},i})$，其中 $i=1,2,\cdots,L$，L 为总场馆

数。他们将所有场馆的 H 值绘制出来,如图 4.13 所示。

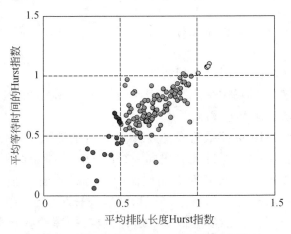

图 4.13　所有场馆的 H 值聚类示意图

下面就按照聚类的结果对每一类 H 值的特性进行分析:

(1) $H_{\text{queue},i} \in (0.5,1)$,$H_{\text{wait},i} \in (0.5,1)$。绝大部分场馆的平均排队长度和平均等待时间呈现长时程正相关性(long-range correlation)。

(2) $H_{\text{queue},i} \in (0,0.5)$,$H_{\text{wait},i} \in (0,0.5)$。这部分场馆的平均排队长度和平均等待时间呈现短时程反相关性(long-range anti-correlation)。主要有以下 11 个场馆:沙特馆、荷兰馆、城市人馆、石油馆、中南美洲联合馆、古巴馆、加共体联合馆、立陶宛馆、尼日利亚馆、亚洲联合馆 2、宁波案例馆。其中沙特馆和石油馆是非常热门的场馆,沙特馆平均排队长度为 4237 人,平均等待时间为 254min;石油馆的平均排队长度是 2639 人,平均等待时间为 240min。剩余场馆均为时间序列中存在大量零值的冷门场馆。

(3) $H_{\text{queue},i} \in (0,0.5)$,$H_{\text{wait},i} \in (0.5,1)$。这部分场馆主要有土耳其馆、瑞典馆、芬兰馆、民营企业联合馆和中国企业联合馆。通过绘制其排队长度和等待时间的时间序列,发现这些时间序列的相关性并不明显,其 H 值可近似认为是 0.5,即呈现高斯白噪声特性。

(4) $H_{\text{queue},i} \in (0.5,1)$,$H_{\text{wait},i} \in (0,0.5)$。这部分场馆为日本馆、韩国馆、伊朗馆、台湾馆、朝鲜馆和万科馆。其中日本馆和韩国馆为热门场馆。日本馆的平均排队长度 3510 人,平均等待时间为 237min,韩国馆平均排队长度 2444 人,平均等待时间 173min。朝鲜馆为存在大量零值的冷门场馆。

(5) $H_{\text{queue},i} \in (1,1.5)$,$H_{\text{wait},i} \in (1,1.5)$。这部分的场馆主要有以下 5 个:澳门馆、欧洲联合馆 1、欧洲联合馆 2、生命阳光馆、世博会博物馆。其中欧洲联合馆 1 和欧洲联合馆 2、生命阳光馆为存在大量零值的非常冷门的场馆。

通过计算不同场馆之间的 Hurst 指数,分析各场馆的长时程相关性,得到以下结论:

(1)时间序列中零值的存在会对长时程关联性产生影响,需要进行合理的补偿之后再进行计算。

(2)大部分场馆呈现长时程正相关性。

(3)部分非常热门的场馆呈现长时程反相关性,代表场馆为沙特馆、日本馆和韩国馆。其具体原因有待考察。

顺便指出,计算 Hurst 指数有多种方法,这里用的消除趋势波动分析法与前面徐山鹰用的方法是不一样的,因此算出同一馆的 Hurst 指数会不一样。无法去判断用哪一种方法更好一些,但是对看出他们的总体趋势还是有一定的参考作用。例如,大部分馆的 Hurst 指数都在 0.5~1,即呈现长时程正相关性,对于个别馆,如沙特馆、石油馆等,郭伟已经单独加以处理,例如,去掉一些异常点,还有的需要做进一步处理和解释,这里就从略了。

4.5.3　上海世博会各馆排队长度序列和等待时间序列的 Hurst 指数相关性计算

中国科学院科技政策与管理科学研究所的 Li 和中国科学院数学与系统科学院的 Gu 从另一些角度去观察这些展馆的排队长度和等候时间的 Hurst 指数关系(Li et al.,2016)。

1. 所有展馆排队长度和等候时间的 Hurst 指数服从正态分布

研究发现,所有展馆排队长度和等候时间的 Hurst 指数分别服从正态分布。

从图 4.14 中看出,排队长度 Hurst 指数经验分布函数频率直方图与均值为 0.8112、标准差为 0.0804 的正态分布的密度函数图符合得比较好。对排队长度

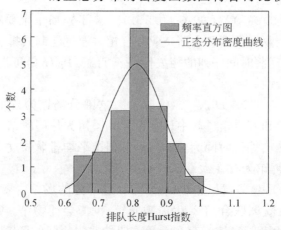

图 4.14　排队长度 Hurst 指数频率直方图及分布曲线

Hurst 指数进行 KS 检验，$h=0$，$p=0.3045$，在显著性水平 0.05 下接受原假设，认为排队长度 Hurst 指数服从正态分布 $N(0.8112, 0.0804^2)$。

　　从图 4.15 中看出，等待时间 Hurst 指数经验分布函数频率直方图与均值为 0.8064、标准差为 0.0892 的正态分布的密度函数图符合得比较好。对排队长度 Hurst 指数进行 KS 检验，$h=0$，$p=0.5205$，在显著性水平 0.05 下接受原假设，等待时间 Hurst 指数近似服从正态分布 $N(0.8064, 0.0892^2)$。

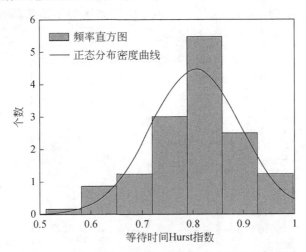

图 4.15　等待时间 Hurst 指数频率直方图及分布曲线

2. 所有展馆排队长度和等候时间 Hurst 指数有相关关系

　　曾统计过平均队长和平均等待时间的关系图，它们是正相关的（图 4.16）。通过线性回归拟合得到 $\hat{L}=-47.23+11.59W$，这符合排队论中的 Little 公式 $L=$

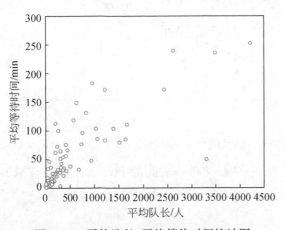

图 4.16　平均队长、平均等待时间统计图

λW。但是进一步从队长 Hurst 指数、等待时间 Hurst 指数统计图同样发现有这种正相关关系(图 4.17)。在删除异常点后,对剩余 107 个场馆排队长度的 Hurst 指数(x)和等候时间的 Hurst 指数(y)计算它们的相关关系。首先算出一元线性相关系数为 0.8943. 从一元线性回归结果看,可以写出线性回归方程为

$$\hat{y} = 0.0480 + 0.9335x$$

回归系数估计值的 95% 置信区间为 $[0.8431, 1.0239]$。对回归直线进行显著性检验,检验的 p 值为 $1.8925 \times 10^{-38} < 0.01$,可以认为平均等待时间 Hurst 指数和平均队长 Hurst 指数线性关系是显著的(图 4.18)。

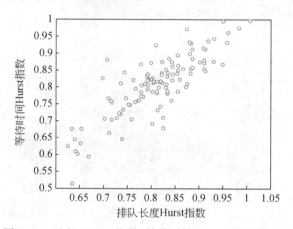

图 4.17　队长 Hurst 指数、等待时间 Hurst 指数统计图

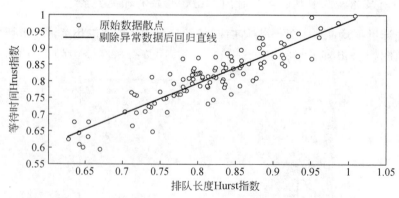

图 4.18　排队长度和等候时间的 Hurst 指数散布图及相关关系

有一个有趣的现象:队长与等待时间的 Hurst 指数也有拟 Little 公式的现象,这值得进一步探讨。

3. 对展馆的聚类分析

尽管每个展馆有它们自己的服务特色,但是从更大范围和角度去看它们,不是会表现出某些共同的特色,可以将它们分类,以利于从更高的角度去分析和管理,从中吸取一些共同的经验。但是分类也必须采用一些分类的依据,曾采用队长 Hurst 指数、等待时间 Hurst 指数、平均队长、平均等待时间和平均到达率作为分类依据。从采用聚类分析方法来看,曾采用过三种聚类方法。

(1)方法一:AP 近邻算法。

该方法最大好处是不用指定聚类数目,自动聚类,所以,最少聚出 9 类。

(2)方法二:模糊 C 聚类。

需要指定聚类数目,此处指定聚类数目为 4。本节最后采用的是利用无监督神经网络算法,并用自组织图(self-organizing map,SOM)显示的聚类方法。

(3)方法三:自组织图聚类方法。

这种方法也是一个很好的数据挖掘工具。这个方法能将多维数据影响一个二维的拓扑六角形格点的图。同时有两个判别标准则来决定聚类数和选择神经元个数的合理性。最后选用队长 Hurst 指数、等待时间 Hurst 指数、平均队长和平均等待时间作为分类依据,并经过计算确定聚类数为 4 类(C1,C2,C3,C4),神经元个数为 70(10×7),来显示聚类结果,以上 3 个聚类方法更详细的结果可参见第 6 章 6.5 节。

4.5.4　北京园博会总参观人数序列的 Hurst 指数计算

对北京园博会总参观人数序列的指数也进行了初步计算(因为只在 37 个日平均数数据基础(2013 年 5 月 18 日～2013 年 6 月 23 日)上进行计算,误差可能较大),其结果如下。

对园博会总参观人数计算了其 Hurst 指数:$H=0.8278$;对团队参观人数时间序列也计算了 Hurst 指数:$H=0.853$;而散客参观人数的 Hurst 指数为 $H=0.809$。对照世博会总参观人数计算了其 Hurst 指数:$H=0.815$;对团队参观人数时间序列也计算了 Hurst 指数:$H=0.990$;而散客参观人数的 Hurst 指数为 $H=0.802$。

从中可以看到,世博会和园博会 Hurst 指数的量级差不多,都在 0.8～0.9 之间,突出的是世博会的团队参观人数 Hurst 指数 0.990 远大于园博会的团队参观人数 Hurst 指数 0.853,这正好说明世博会他组织程度远高于园博会的他组织程度。上海世博会是国家级的,由上海操办,而北京园博会是市级,由丰台区实际操办,因此组织能力要小得多。这里还要感谢北京园博会有关方面提供的数据。

参 考 文 献

程葳. 2012. 利用 Hurst 指数预测网络话题热度. 现代计算机,上半月版,(8):3—7.

顾基发,徐山鹰,房勇,等. 2011. 世博会排队集群行为研究. 上海理工大学学报,33(4): 312—320.

郭伟,顾基发,徐山鹰,等. 2013. 基于消除趋势波动分析的上海世博会场馆排队分析. 上海理工大学学报,35(4):307—312.

韩忠玲,李明. 2008. 分形维度和 Hurst 指数的实验分析. http://www. 21gwy. com/lunwen/ jsjyy/a/1304/261304. html[2008-6-20].

邱沛光. 2004. 上证指数 Hurst 指数的测定及应用. 西北农林科技大学学报(社会科学版),(5): 92—95.

尤志强,韩筱璞. 2013. 基于相关性的上海世界博览会行人流分析. 上海理工大学学报,35(4): 313—320.

Gu J F,Xu S Y,Fang Y,et al. 2011. Queuing problems in Shanghai World Expo//刘怡君,周涛, 等. 社会动力学. 北京:科学出版社:10—29.

Hu Y T,Xie R,Zhang W J. 2013a. Integer programming based crowd behavior analysis for world expo//IEEE International Symposium on Broadband Multimedia Systems and Broadcasting, London.

Hu Y T,Xie R,Zhang W J. 2013b. Network flow based collective behavior analysis. Behavior and Social Computing Lecture Notes in Computer Science,8178:10—19.

Hurst H E. 1951. Long-term storage of reservoirs. Transactions of American Society of Civil Engineers,116:772—785.

Li Q Q,Gu J F. 2016. World expo 2010 pavilions clustering analysis based on self organizing map. Journal of Systems Science and Complexity,29(4):1089—1099.

Tian J. 1981. A decision support model for forecasting census levels in an interactive multi-facilitty system. Troy:Rensselaer Polytechnic Institute.

Wang B,Han Y Y. 2010. Study on peak visitor control of World Expo Shanghai//The 7th IEEE International Conference on Service Systems and Service Management,Tokyo.

第 5 章　排队的心理层面分析

5.1　参观者对排队纪律、排队环境的满意度

早在 1910 年,丹麦电话工程师 Erlang 从电话系统中研究电话服务中的话务理论(即话务强度),他在物理学中热力学统计平衡理论的启发下对电话排队进行研究。过去习惯于对排队现象进行客观和定量研究的运筹学学者,大多从物理层面对排队加以研究,这一直是运筹学中排队论的重点研究课题。虽然很早就出现过等待心理的研究,但缺少系统的理论研究。近二三十年来人们开始从排队等待心理层面进行研究。运筹学学者 Maister(1985)对排队心理做了比较全面的总结和研究。他曾指出,研究排队问题不仅要注意易计量的、客观的、实在的等待时间,而且要注意等待的人的心理感受。他提出排队心理一条定律,可用公式表示为

$$S = P - E$$

式中,S 为满意度;P 表示感受;E 表示期望。

他提出了被广泛认可和采用的等待心理八条原则:

(1)无所事事的等待比有事可干的等待感觉要长。

(2)过程前、过程后等待的时间比过程中等待的时间感觉要长。

(3)焦虑使等待看起来比实际时间更长。

(4)不确定的等待比已知的、有限的等待时间更长。

(5)没有解释的等待要比有解释的等待长。

(6)不公正的等待比公正的等待时间要长。

(7)服务的价值越高,人们愿意等待的时间就越长。

(8)单个人等待比许多人一起等待感觉时间要长。

在此基础上,戴维斯及海尼克在 1994 年,琼斯及佩皮亚特在 1996 年分别对顾客排队等待心理理论又做出了两条补充[(＊9),(＊10)]:

(＊9)令人身体不舒适的等待比舒适的等待感觉时间要长。

(＊10)不熟悉的等待比熟悉的等待时间要长(Jiang et al.,2011)。

对这些条进一步联系实际进行解释:

事实上,第(1)条还表示处于服务中的等待时间比没有处于服务的等待时间感觉要短,如在排队等待体检时排队的人,当护士将前面 5 个人的表先收进去进行初

步登记时,这几个人感觉已经处于服务过程,这样,感觉等待的时间比收表前等待检查时要短。世博会期间沙特馆前排队观众进入有隔离栅围且前后由武警带领下的排队区,不必担心有人加塞且感觉保证能看到展览时的人们就有这种心理。

第(2)条尽量减少过程前的等待,改成在过程进行中等待。顾客对于进入服务系统前的等待感觉比进入服务系统之后更加不满意,例如,加拿大馆在进馆前的排队从回字形改为围绕展馆的参观者总是在移动的一字长蛇形,在展馆内又采用流水线的展览服务,使人感觉一直在动,一直在被服务。

第(3)条焦虑使等待感觉更长,例如,世博会中澳大利亚馆经常会对排队的人进行一些小丑表演,排队者心情轻松,感觉等待时间过得快。

第(4)条不确定的等待会比已知的、有限的等待更觉长,要排确定的队,在一些需要等时长的馆要多做解释,尽量告知等待的原因和大约需等待的时间,可通过电子显示牌公告相关信息,沙特馆在等待者队列的前面树起一块广告牌,告知人们前面需要等多少时间,迪斯尼乐园就高高挂着到入口大概要等多少分钟的电子告示牌(图5.1)。还有采用叫号机系统保持等待的确定性,现在很多医院和银行都在采用,一进预约台,就会给你一张小票,告诉你前面有多少人等待被服务。世博会亮点场馆,如中国馆,在进入世博会的入口后在入口旁门口拿号、预约入场时间和按号自动检票,使顾客在进入中国馆前的等待时期可以参与其他活动;汽车馆、国家电网馆和上海企业联合馆开展了网上预约、现场预约等诸多参观方式,让游客能够提前安排时间,避开排队客流高峰。此外,中国民企联合馆开放了现场预约,信息通信馆特地为孩子开放了团体预约。

图5.1　迪斯尼乐园等待时间电子告示牌

香港迪斯尼乐园曾采用快速通行卡预约,告知你会等多久才可得到服务。快速通行卡是乐园的一项免费票务系统,它可以帮你节省在特定游乐设施的排队时间,让你有更充裕的时间去享受乐园的其他设施及服务。换取快速通行卡后,你可于注明的时间回到该游乐设施处,并于快速通行卡宾客入口处以极短时间进入游乐设施预演区或上客区。在提供快速通行卡服务的游乐设施内,只需将入场门票插入快速通行卡印票机,然后取出快速通行卡。在取得快速通行卡后,可继续享用乐园内的其他设施及服务,然后于注明的时间返回享用该游乐设施。但是不是乐园所有游乐设施都提供这样的通行卡,提供快速通行卡服务的游乐设施包括:①巴斯光年星际历险;②飞越太空山;③小熊维尼历险之旅。

第(5)条经常发生在机场对待一些不能准时起飞的班机乘客时,往往机场广播服务开始还对人们做些解释,如目的地天气不好,如正在下雪等,后来不再做任何进一步的有效解释,总是用同一个气候原因简单地搪塞,而实际上人们通过手机了解到目的地天气已经在好转,可是机场广播人员却还在按一开始时"天气不好"解释,引起等待的乘客不满,因此及时调整广播的解释会使人们减少等待的烦躁。有时机场也会用广播现在将发放饮料或饭盒而使人们忙于排队领饮料或饭盒而忘了等待起飞。

第(6)条表示人们怕加塞,上海世博会上志愿者不断劝阻人们插队,要求大家认真排队。有关公平的问题在世博会期间还有普通顾客与贵宾等待的公平问题、不同票价顾客的公平问题,预约与随机顾客的公平问题,有特殊情况的排队顾客,如老、残、婴等是否可优先进馆等都是值得关注的。部分馆,如德国馆,曾为老、残、婴等另设优先的队,但后来发现有个别游客假装残疾,弄一部手推车,还带进一批家属,后来有的馆干脆取消了这个优待。

第(7)条表示只要服务质量高,人们也不一定特别怕排队。采访世博会中在沙特馆排完好几个小时长队出来的观众时,他们表示即使排长队也值得,这可能由于有些来自偏远地区的观众很少有机会看 3D 电影。

第(8)条表明人们最好结伴去参观,排队中有说有笑,时间就过得快。

第(9)条表示尽量创造轻松的环境让人身体感到舒服,例如,在排队最拥挤最热的地方采用各种降温措施,上海世博会入口处安装可喷雾的大风扇,在有些展馆外排队处顶上安装遮阳篷等。上汽集团-通用汽车馆创造排队舒适环境体现在一些小细节:率先加装了遮阳篷、电风扇,遮阳篷还加高了 30cm,更为通风。汽车馆为了更好地降温消暑,每天发冰毛巾和冰块,冰毛巾每天从 11：30 一直发到16：30,一天共送出近 5000 条,几乎覆盖了一天最热的时段。冰块是在每天14：00 和 16：00 各发一次,每位游客人均 2 块,冰毛巾上还喷洒了花露水,能起到提神醒脑的作用。让游客感觉贴心的是,该馆在每道硬围栏区都加装了长凳,长凳宽约 50cm,能让游客坐着歇歇脚。上汽集团-通用汽车馆还邀请了复旦大学专家团队一同探讨排队策略,希望将游客排队时间控制在 2h 左右,营造一个舒适、轻松、快乐的排队环境。不仅上汽集团-通用馆,远大馆、信息通信馆、中国民企联合馆等场馆也在排队区域加设了一条宽约 10cm 的长凳,让游客坐着排队。此外,有些馆专门为游客提供方便小凳以减轻游客排队等待的劳累。在排队行列中有的展馆安排适当的小丑表演等,例如,澳大利亚馆安排鹈鹕和考拉木偶表演为排队游客解闷,用高跷组合扮成高跷机器人与游客互动,为此,澳大利亚馆在被评价服务态度指标时,得到100%好评。再如,刚刚下过一场阵雨,加拿大馆门前突然冒出4个小丑,蹿进等候长龙中,明目张胆地插起队来,将游客的心情逗得雨过天晴。只见他们分别穿着橙色、蓝色、黄色、绿色的西服,手拎对应颜色的百宝箱,真实的面庞隐藏在夸张的白色面具下,露在外面的眼睛与嘴巴显得喜感十足。而小丑们竟然来自加拿大国宝级艺术团体——太阳马戏团。难怪有网友发帖指出:"长时间的等候不一定是残酷的,比如加拿大馆的排队就设计得很有人情味,这样的队我愿意排!"

第(10)条提示人们对服务能提供的内容、环境和条件应该事先有所了解。作为世博组织者和志愿者应尽量帮助人们了解各场馆可能参展的精彩内容和队长情况。

国内外还有学者对排队心理方面也进行了研究(Abilla,2006;Shi et al.,2010;李进等,2010;顾基发等,2011)。总之,上海世博会期间如何变空闲等待为忙碌等待,变焦急等待为耐心等待,变环境恶劣的等待为舒适环境的等待,值得很好地总结和研究。

5.2　上海世博会参观者和馆方对馆内服务质量的满意度

衡量顾客的排队问题,除了在第4章中提到很多考察排队效率的物理指标,顾客的心理满意度也是组织方和馆方经常要注意的。实际上顾客满意度与顾客期望值和顾客本人的感知直接相关,期望值过高,会使满意度降低。这些都与组织者相关的管理因素有关,国家统计局上海调查总队曾向500多个参观者进行调查,统计结果如下:

"管理总满意度"为76.64分。

"值得参观"为87.2%。

"不值得参观"为2.4%。

"还想再来"为60.4%(其中"想再来2次以上"为53.6%)。

"不想再来"为24.6%。

"平均在世博会停留时间"超过10.3h。

"平均参观的馆数"为6.4个。

"每个访客在1小时内平均访问的馆数"为0.62个。

当调查总队问及被调查的参观者哪个展馆令人印象最为深刻时,参观者选择

比例居前的依次是中国馆、日本馆、沙特馆、法国馆和德国馆等(表 5.1)(梁继凯,
2010;邹瑞玥,2010)。

表 5.1　参观者印象最深的展馆及原因

名次	场馆名	选择原因
1	中国馆	气势雄伟,体现中国文化精髓
2	日本馆	高科技元素丰富,令人惊叹
3	沙特馆	先进视频技术,场馆造型独特
4	法国馆	法国文化氛围浓厚
5	德国馆	"动力之源"创意很独特

5.2.1　加拿大馆和澳大利亚馆反应

加拿大馆馆长大山在一篇博文"排队最长的就是世博会热门场馆?"中写道:
"世博会开幕以来一直在媒体上看到有关热门场馆的报道,基本上都是按照排队的
时间来评价的。排在第一位非沙特馆莫属,日本馆和德国馆互相争第二名。这三
个馆我都去过,都相当精彩,我强烈推荐。我绝对不是说他们不好,但实事求是,从
每天的访问人数上来看这三个馆中没有一个超过三万人的。"

总代表执委会的一次会议上土耳其总代表说:"对不起沙特的同仁。"他说:"沙
特的展馆确实很棒,但是每天的访问人数就是两万多一点,而我馆基本上每天都在
四万以上。我知道中国是礼仪之邦,总是对远道而来的客人很礼貌,但我希望世博
局的朋友考虑一下在对外宣传的时候能不能把话说得直接一点? 排队最长的展馆
我们就应该说'排队最长的展馆',而不要用'热门场馆'这样好听的词来美化。排
队时间长是大家很关注的一个问题,我们不应该掩饰。会上的总代表都笑了,看来
很多人有同感。"

大山在博文中还提到:"加拿大馆当初是按照每天三万游客的计划来设计的。
出入口都设有最新科技的探测仪,不管在多乱的情况下它都可以准确地统计访问
人数。就这样我们了解到加拿大馆每天的访问量平均在 32000~33000 人。这比
我们计划的数字高,也意味着 2010 年上海世博会的加拿大馆将成为有史以来历届
世博会当中访问人数最多的加拿大馆。不过说心里话一听说土耳其馆每天有四万
游客,英国馆和法国馆经常超五万,总觉得很羡慕。"大山还说:"排队最长的几个展
馆都有一个共同的特点,那就是访问的时长和人数固定。沙特馆、日本馆、德国馆,
还有浦西区的石油馆等,都要求游客集体观看一场表演。不管这一天有多少人来
排队,表演的场次,时长和每次可接受的观众人数都不好改变。真正的热门场馆,
也就是访问人数最大的几个展馆,也都有一个共同点,那就是一种流水线的设计,

让游客不断地边走边参观。'热门场馆'这个行列当然包括英国馆，法国馆，还有（呵呵）加拿大馆。哦，对了，土耳其馆也不错嘛"（大山，2010）。

澳大利亚馆对队长和等待时间也有不同反应，他们认为下面一些馆等待时间超过 5h，如中国馆、沙特馆、日本馆、韩国馆；还有一些馆超过 4h，如德国馆、台湾馆、阿联酋馆等，这个名单还不断在公共榜上显示。现代在世博会上看到最宏大的场面就是排队了。随着每天参观人数超过 40 万，在一些影响大的馆有长队就并不奇怪。澳大利亚馆可能并不期望 4～5h 的长队，但是它拥有 500 万的访客（即每天平均 2 万～3 万人），尽管也有长队，但等待时间只用 20min（Platt，2010）。

5.2.2　上海世博会排队的故事

1. 在世博会日本馆排队的故事（作者：erzongzhi）

日本馆前排队要分三个阶段，第一阶段的排队方式是很科学的，是"6 股轮换放行法"。排队的人都很轻松，因为每个人都可以在此坐（或站）40min，而不需要每时每刻不停地走动，地上也很整洁。排在我们前面的是三位胖乎乎的大嫂。她们不停大声地聊天，显得很开心。终于我们的队伍也排入了第二阶段。第二阶段的排队方式改成了单股长蛇法。这一个多小时着实可怕，在每个点上不可能坐一分钟以上，我们大都在慢慢地向前挪动。这里排队不但很累，而且脚下尽是饮料瓶、冷饮包装纸、鸡骨头、快餐盒、塑料袋等垃圾。可以发现，这种排队方式有一个明显的缺点，由于人在不停地走动，有人以为在扔垃圾时别人是不知道的，心里就不害臊了；另外，如果地上已有了一些垃圾，他再扔一个，也会显得无所谓，所以在整个第二阶段区域里垃圾都特别多。

第三阶段排队的状态要好一些。虽然还是单股长蛇排队法，但毕竟离入馆点已较近，每 25min 一批，入馆的节奏很明显，每次都可以坐上十几分钟。

2. 在世博会加拿大馆馆排队的故事（作者：大山）

前天加拿大馆的访问量突然达到四万，昨天又突破 42000。我没觉得整个园区内的总人数有什么变化，基本上都是在 40 万上下，所以又去问了问技术员怎么回事。唉！前几天排队的方式做了一些调整。原来是每几分钟放几百个人，现在让大家单排进去但中间不停，一直在走。这么一来我们发现访问人数突然增加了。话说回到排队的时间，我们加拿大馆从来没有超一个小时，平均在四十几分钟左右。关键是我们展馆的流水线设计效率比较高，游客一直不停地走，而且无论想匆匆穿过去还是慢慢品味，游览的时间也由游客自己掌握。排队效率高恐怕在宣传上就要吃点亏了，很难被列入热门场馆的行列中。

5.2.3 对参展的外国展馆满意度深入调查

2010 年 9～10 月,上海交通大学人文艺术研究院世博与国家形象研究小组在一份《世博与国家形象研究项目研究报告》中对参展的外国展馆满意度进行深入调查(上海交通大学人文艺术研究院世博与国家形象研究小组,2010)。

上海世博会就像一场各国展馆的竞赛。观众作为最权威的裁判也给出了打分表。研究小组公布的《2010 上海世博会参展国展出效果排行榜》显示,阿联酋馆在上海世博会展馆中脱颖而出,成为观众心目中最"赞"的外国国家馆。研究小组在 9 月 24 日随机调查了逾 1520 位观众,回收 1505 份问卷。在每个场馆出口,现场抽取 50 名,对世博园"最具参观人气度和地区影响力"的 30 个外国国家馆进行评估。在 1505 份有效问卷中,阿联酋馆、德国馆和俄罗斯馆综合得分最高(表 5.2)。此外小组成员对上海世博局礼宾部等单位进行深度访问。在经过了对内部展示、文化特色、外形设计、服务态度等多个指标的观众评分后,阿联酋馆的外形设计获得了 100% 的好评,展示的阿联酋海市蜃楼、沙漠奇观、经济奇迹等,给观众留下深刻印象(图 5.2 和图 5.3)。一些国家馆在单项指标上获得很高的印象分。如意大利馆凭借其名牌时装、汽车等展项,在内部展示方面得到 100 分,同时在文化特色方面也获 100% 好评,意大利馆外形从上海老弄堂和游戏棒获得灵感,请来意大利裁缝现场演示手工艺技术,优雅亲民的风格让它在内部展示获得满分。澳大利亚馆的服务态度也得到 100% 受访者认可,同时其参与互动得分在各馆中最高。此外,日本馆的环保设计获最高分,韩国馆的演艺活动获最高分,沙特馆的经费投入获最高分,而一向在媒体上口碑甚佳,每天在世博园内上演排队奇迹的沙特馆,综合排名仅列第 4。研究小组负责人刘康认为,这与观众对沙特馆的高期望值有关。

图 5.2 阿联酋馆的外形

图 5.3 阿联酋馆的巨幕电影
讲述阿拉伯的城市

　　本次调查也有一些意外发现。70％的受访游客在参观完有些国家的展馆后，改善了对参展国的印象。"国家形象改善幅度最高"的前三个国家馆，分别是摩洛哥馆、比利时馆和芬兰馆。其中，91.8％的游客在参观摩洛哥馆后对该国印象明显改善。摩洛哥馆是非洲国家在上海世博会唯一的自建馆，展示了国土面积仅 45.9万 km² 的小国的崛起，其高度定位和自我重视让91.8％的受访游客改变了对该国的印象。美国馆则给观众心理带来巨大落差。对美国馆的各项评估排名中，外形设计与环保设计分别以第 21 名和第 23 名垫底。

　　调查显示，文化娱乐功能是世博公共外交的魅力攻势。观众最希望在世博会获得的观感分别是感受异国情调（37.6％）、艺术享受（24.7％）和增长知识（17.7％）。

　　研究小组还公布了参展外国馆观众的评分结果：①阿联酋馆（90.42），②德国馆（90.40），③俄罗斯馆（89.98），④沙特馆（89.95），⑤瑞士馆（89.90），⑥澳大利亚馆（89.35），⑦意大利馆（88.98），⑧比利时馆（87.70），⑨韩国馆（87.66），⑩美国馆（87.22），⑪英国馆（87.14），⑫法国馆（86.92），⑬丹麦馆（86.70），⑭摩洛哥馆（86.46），⑮加拿大馆（86.16），⑯新加坡馆（86.12），⑰西班牙馆（86.02），⑱阿根廷馆（85.94）．⑲日本（85.92），⑳新西兰馆（85.62），㉑智利馆（85.28），㉒泰国馆（84.43），㉓巴西馆（84.34），㉔墨西哥馆（83.38），㉕芬兰馆（83.14），㉖非洲联合馆（82.94），㉗南非馆（81.76），㉘冰岛馆（79.62），㉙印度馆（79.16），㉚巴基斯坦馆（75.63）。将这个研究报告中相当于在心理层次的满意度评分结果再附上在物理层次获得的服务强度计算结果一起放在表 5.2 中。表 5.2 表明，大部分观众满意的馆，他们的服务强度也都很高，当然也有例外，例如，服务强度最高的沙特馆满意度评分却在第 4 名，而服务强度不算太高的阿联酋馆满意度评分却得了第 1 名，这也正是本书在对排队集群行为的物理层面分析后，还要进入心理层面的分析的道理。

表 5.2　　2010 上海世博会国外参展国展出效果排行榜（2010-11-2）

名次	展馆	评分	服务强度	名次	展馆	评分	服务强度	名次	展馆	评分	服务强度
1	阿联酋馆	90.42	0.9983	11	英国馆	87.14	0.9993	21	智利馆	85.28	0.9742
2	德国馆	90.40	0.9998	12	法国馆	86.92	0.9994	22	泰国馆	84.43	0.9989
3	俄罗斯馆	89.98	0.9990	13	丹麦馆	86.70	0.9962	23	巴西馆	84.34	0.9994
4	沙特馆	89.95	0.9998	14	摩洛哥馆	86.46	0.9915	24	墨西哥馆	83.38	0.9921
5	瑞士馆	89.90	0.9994	15	加拿大馆	86.16	0.9972	25	芬兰馆	83.14	0.9954
6	澳大利亚馆	89.35	0.9985	16	新加坡馆	86.12	0.9973	26	非洲联合馆	82.94	0.9204
7	意大利馆	88.98	0.9992	17	西班牙馆	86.02	0.9993	27	南非馆	81.76	0.9951
8	比利时馆	87.70	0.9992	18	阿根廷馆	85.94	0.9904	28	冰岛馆	79.62	0.9947
9	韩国馆	87.66	0.9996	19	日本馆	85.92	0.9997	29	印度馆	79.16	0.9974
10	美国馆	87.22	0.9991	20	新西兰馆	85.62	0.9924	30	巴基斯坦馆	75.63	0.9911

国家统计局对热门场馆也有一个排序:中国馆,瑞士馆,法国馆,德国馆,西班牙馆,日本馆,意大利馆,沙特馆,英国馆,韩国馆,美国馆。将两个排序的前 11 名做一个比较(表 5.3),因为上海交通大学只考虑外国馆,另外还有些国家展馆因为选样不同,如法国馆、日本馆、西班牙馆、比利时馆、澳大利亚馆、阿联酋馆、俄罗斯馆等;在两个排序名单中无法比较,剩下 7 个展馆(瑞士馆、德国馆、意大利馆、沙特馆、英国馆、韩国馆和美国馆)是国家统计局和上海交通大学两家都选了,这 7 个馆的排序大体相同。为确信起见,用统计中肯达尔和谐系数计算,结果算出其 Sperman 相关系数为 0.786,通过检验。这说明两个评估组织虽然是独立进行的排序,其结果也基本可信。(甘怡群,2005)。

表 5.3　国家统计局和上海交通大学两个排序的前 11 名

排序	1	2	3	4	5	6	7	8	9	10	11
国家统计局	中国馆	瑞士馆	法国馆	德国馆	西班牙馆	日本馆	意大利馆	沙特馆	英国馆	韩国馆	美国馆
上海交通大学	阿联酋馆	德国馆	俄国馆	沙特馆	瑞士馆	澳大利亚馆	意大利馆	比利时馆	韩国馆	美国馆	英国馆

5.2.4　上海世博会观众满意度的进一步实证研究

上海世博会的成功在很大程度上取决于观众的关注和参与程度。随着主体意识的提升,观众对上海世博会的服务质量、服务效率和服务能力等要求也就更高,观众期望着获得更好的服务。因此,从观众的角度对上海世博会的服务水平进行评价应该是最具有说服力的。上海应用技术学院在上海世博会满意度的实际调查结果的基础上,对上海世博会服务质量的 13 个主要评价指标进行量化分析,它们是:①入场等候、②展览内容、③工作人员态度、④讲解服务、⑤秩序管理、⑥向导服务、⑦安保措施、⑧志愿者服务、⑨卫生环境、⑩休憩场所、⑪餐饮服务、⑫园区交通、⑬对特殊人群的照顾。并根据上海世博会观众的性别、年龄、来源、教育程度、月收入差异加以细化辨识,以期从来自不同方面的和不同背景的观众满意度的角度客观地评价上海世博会的服务质量。

1. 调查方法

以上海世博会观众为调研对象,于 2010 年 8 月 9 日~2010 年 8 月 20 日在上海世博会举办期间进行园区内现场调查,调研问卷采用 Likert 五级量表评分(非常不满意、满意、一般、比较满意、非常满意),调查范围为已参观的观众并随机抽样,共发放调查问卷 600 份,回收 550 份(回收率达到 91.7%),有效问卷 500 份(有两个或两个以上缺失值的当做无效问卷处理,有效率达 90.9%)。

2. 样本分布

本次调查样本按性别、年龄、来源、教育程度、月收入的人口统计学和社会属性统计,如图 5.4[性别,其中 265 男(53%),235 女(47%)]、图 5.5[年龄,其中 25 岁及以下占 48.2%,26～35 岁 25.8%,36～50 岁 21.9%,50 岁以上占 4.1%等]、图 5.6[来源,其中国内(不包括上海、港、澳、台)85.8%,上海 12.8%,国外 1.0%,港、澳、台 0.4%等]、图 5.7(教育程度,其中观众受教育本科及大学占 63.4%,高中及中专 23.2%,初中及以下 6.8%,研究生及以上 6.6%)、图 5.8(月收入,其中观众月收入 2000 元及以下 47.4%,2001～4000 元 31.0%,4001～6000 元 12.0%,6001～8000 元 3.4%,8001～10000 元 2.0%,10000 元以上 4.2%)所示。他们利用 SPSS16.0 和 Excel 进行数据分析,信度用克朗巴哈系数检验测得 0.9311 远超一般要求 0.7 以上。(杨顺勇等,2011a;杨顺勇等,2011b;杨顺勇等,2011c;杨顺勇等,2011d;杨顺勇等,2012;王晶等,2011)。

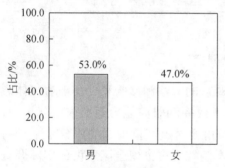

图 5.4　上海世博会观众性别构成

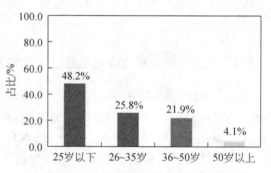

图 5.5　上海世博会观众年龄构成

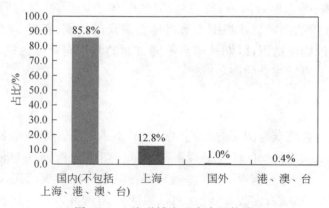

图 5.6　上海世博会观众来源构成

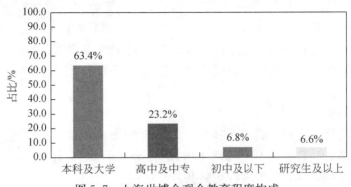

图 5.7　上海世博会观众教育程度构成

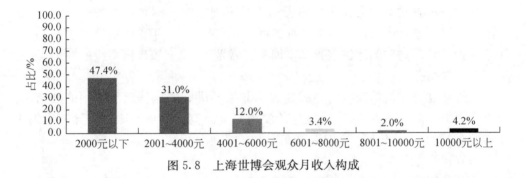

图 5.8　上海世博会观众月收入构成

3. 对上海世博会服务质量 13 个主要评价指标进行量化分析的分析报告

下面着重从男女差异中看以下 13 个指标的评价。

1）入场等候

被调查参观者中男性对于世博会入场等候表示非常不满意的比例是女性的两倍多，而表示不满意的比例女性则高出男性 20%，可见男性对于入场等候的不满意感知度更高。总体来看，无论男性还是女性参观者，对于入场等候的满意度都很低，分别只有 39.2% 和 37.4%（男性 104 人，女性 88 人），这是满意度最低的一个影响指标。世博园内热门展馆排队都在 3h 以上，最热门的沙特馆排队要 9h。而在 10 月 16 日，上海世博会单日入园观众突破 103 万时，石油馆的排队等候时间更是长达 12h。这种状况下，对入场等候的满意度评价不高也就可以理解了。

2）展览内容

男性参观者对于世博会展览内容持非常满意和非常不满意态度的比例都高于女性参观者近 30%，而持一般和比较满意态度的参观者中男女比例则非常接近，相比女性而言，男性对于展览内容评价的两极化说明他们对于展览内容的要求更高。

3）工作人员态度

对工作人员态度表示比较满意或非常满意的参观者中,男性接近 75％,女性也达 70％以上。由此可见,无论女性参观者还是男性参观者,对于世博会工作人员态度的认知差别并不明显,总体上看,参观者还是肯定了世博会工作人员态度的。

4）讲解服务

女性参观者在非常不满意选项和一般选项的比例上都等于或远超过男性,而在比较满意和非常满意选项上都低于男性 10 个甚至 20 个百分点,可见女性对于世博会讲解服务的需求和要求都更高些。

5）秩序管理

男性参观者对世博会秩序管理表示非常不满意的比例是女性的两倍多,但表示不满的被调查者中女性却接近男性的两倍,可见男性对于秩序的感知度更高,秩序感更强。其他选项的比例差异基本属于正常范围,没有表现出明显的性别喜好。

6）向导服务

女性参观者对世博园区向导服务表示非常不满意的比例近乎男性的两倍,说明女性更需要向导服务,对向导服务的要求更高。其他选项的比例差异基本属于正常范围,没有表现出明显的性别喜好。

7）安保措施

在非常不满意选项上女性的比例是男性的两倍多,看来繁复的安保措施给带包的女性增加了烦恼。有 80％以上的参观者(男性 214 人,女性 189 人)对世博园区的安保措施表示比较满意或非常满意。总体上,参观者对世博安保措施还是很认可的。

8）园区卫生环境

从非常不满意到非常满意的 5 个选项中男性比例略高于女性,属于正常,但是有两倍于女性的男性参观者表示对园区卫生环境不满意,说明男性对于园区卫生环境的要求更高。

9）休憩场所

对于休憩场所表示非常不满意的参观者中,男性是女性的两倍,表示不满意或一般的参观者中,男性也分别高于女性 10 个百分点以上,而表示比较满意和非常满意的参观者中,女性则高出男性。以上数据更说明女性参观者对于世博园区内休憩场所的满意度要高于男性。

10）餐饮服务

从非常不满意到非常满意的 5 个选项中男性比例略高于女性属于正常,但是在非常不满意选项中男性高出女性 15 个百分点,说明男性对于餐饮服务的要求更高。总体来看,参观者对于餐饮服务的满意度低于 50%,可见园区餐饮服务质量有待提高。

11)园区交通

对园区交通表示不满意的参观者中,女性则略高于男性 2.56 个百分点,表示非常满意的参观者中,女性则低于男性 9.42 个百分点。这两个比例更说明女性对于园区交通的要求更高。体能差异是导致这一现象的主要因素。

12)对特殊人群照顾措施

无论男性还是女性参观者,对于本次世博会的对特殊人群照顾措施的满意度都比较高,男性参观者中有 75% 以上表示比较满意和非常满意,女性参观者的这一比例则接近 74%,这一比例的性别差异度不大。对特殊人群照顾措施表示非常不满意的参观者中,女性则远高于男性,是男性的两倍。

13)防暑降温措施

无论男性还是女性参观者,对于本次世博会的防暑降温措施的满意度都比较高,男性参观者中有 72% 以上表示比较满意和非常满意,女性参观者的这一比例则接近 80%,这一比例的性别差异度不大。对防暑降温措施表示不满意的参观者中,男性则远远高于女性,接近女性的 4 倍。

通过对这 13 个指标的调研和数据分析,参观者对世博会服务质量的总体感知程度介于一般和比较满意之间,女性又低于男性 4 个百分点。

5.2.5　对上海世博会影响感知维度的 16 个主要评价指标进行实证分析

除了直接对上海世博会观众进行调查,还有人在上海居民实际调查结果的基础上,对上海世博会影响感知维度的 16 个主要评价指标进行实证分析,并根据被调查者的教育程度加以细化辨识。从调查数据的分析结果来看,教育程度在上海世博会影响感知的各个评价指标中,对多数评价指标存在影响,并有一定的规律性,即评价结果与教育程度有一定的对应性,教育程度是影响感知评价指标的重要影响因素;而教育程度对另一些评价指标有影响,但无规律性或者无影响,其评价结果不存在较大差异。上海世博会影响感知正面评价的比例是较高的,而且教育程度的增加在一定程度上可以促成对举办大型活动的支持态度。目前国内外对大型活动的影响研究主要有概念框架和描述性的模型,这些研究强调理解居民关注的属性、测量对节事影响的态度,分析影响居民态度的潜在因素以及基于居民态度差异来识别社区亚群体(王桂林,2011)。

5.2.6　结语

由于世博会的举办期长达 6 个月,在这半年里世博会的环境和设施不断优化、服务项目不断增加、服务质量不断提高,不同的参观者对于世博会的感知或同一位参观者在不同时段对于世博会的感知差异比较明显,为此选择在世博会举办的中后期和大样本随机抽样的调查形式,尽量减少这方面的原因而产生的调研误差。通过对13个指标的调研数据分析,他们认为参观者对于世博会服务质量的总体感知度介于一般和比较满意之间,女性低于男性4个百分点,而类似于展览内容、讲解服务、向导服务等观众感知度性别差异明显的指标是尤其要关注的内容,以上发现对于各类大型活动服务项目的设计、服务质量的控制等具体工作都具有重要的参考价值。以上不少调查工作得益于上海的基金项目:上海市教委科研创新重点项目(11ZS181);上海应用技术学院科研重点项目(SJ2010-13)(上海应用技术学院;上海交通大学)。

参 考 文 献

大山.2010.排队最长的就是世博会热门场馆? http://blog.sina.com.cn/s/blog_balbbed 50100kxht.html.[2010-8-9].

甘怡群.2005.心理与行为科学统计.北京:北京大学出版社.

顾基发,徐山鹰,房勇,等.2011.世博会排队集群行为研究.上海理工大学学报,33(4):312-320.

李进,吴勤旻,李学迁,等.2010.上海世博会游客参观协调.系统工程,(6):50-56.

梁继凯.2010.上海世博会园区管理和服务调查.统计科学与实践,(8):10-11.

上海交通大学人文艺术研究院世博与国家形象研究小组.2010.上海世博:各国对华公共外交的大舞台.世博与国家形象研究项目研究报告.http://www.docin.com/p-1733105523.html [2015-11-28].

王晶,杨顺勇.2011.上海世博会观众满意度评价的性别差异分析.中外企业家,(11):52-55.

王桂林.2011.上海世博会公众满意度调查与分析.经济视角旬刊,(2):158-161.

杨顺勇,郭晓濛,万纯.2011a.上海世博会观众满意度指标评价的性别差异分析.上海应用技术学院学报(自然科学版),11(1):55-59.

杨顺勇,王晶.2011b.2010年上海世博会观众满意度的实证研究.现代管理科学,(5):40-42.

杨顺勇,徐烜.2011c.不同收入观众对上海世博会服务满意度评价的差异分析.兰州商学院学报,27(3):96-102.

杨顺勇,杨晞.2011d.不同收入的上海世博会观众满意度指标评价差异分析//中国会展经济研究会学术年会,南京.

杨顺勇,吴建军.2012.不同教育程度的上海居民对世博会影响感知的调查分析.上海应用技术学院学报(自然科学版),12(3):243-246.

邹瑞玥.2010.世博国家馆观众"打分",阿联酋获第一.http://www.chinanews.com/expo/ 2010/11-03/2629665.shtml[2015-11-28].

Abilla P.2006.Elements of wait time psychology.http://www.shmula.com/queueing-theory-part-4/195/[2006-9-7].

Jiang J, Cheng C.2011.The study of tourist satisfaction based on queuing theory.http://

www. seiofbluemountain. com/upload/product/200911/2008scyxhy03a6. pdf[2011-7-4].

Maister D H. 1985. The psychology of waiting lines//Czepiel J, Solomon M R, Suprenant C D C. The Service Encounter. Lexington: Heath and Company.

Platt C. 2010. The great queues of China. http://www. q-matic. com. cn/[2010-8-20].

Shi K, Dai W T, Song Z L, et al. 2010. Preliminary exploration of Shanghai Expo social collective behavior in hybrid network//IEEE 2nd Symposium on Web Society, Beijing.

第6章 排队的社会层面分析

6.1 社会效益（观众、馆方、世博会组织方）

当国家统计局上海调查总队问及被调查的参观者哪个展馆令人印象最为深刻时，参观者选择比例居前的依次是中国馆、日本馆、沙特馆、法国馆和德国馆（梁继凯，2010）。有意思的是，按照表4.1计算的数据，他们的通过强度都很高，分别达到0.9997、0.9997、0.9998、0.9994、0.9998。这说明物理层次的评价与心理层次的评价有一定内在关系，但是作为一个大系统来说，组织方会从更高层面或者从更高的利益去考虑问题。一个系统要能够成功运作，首先要了解顾客的行为和偏好，其次要靠每个展馆优质的服务，最后要靠世博会组织方从整体协调各方面的行为以期达到整体最优。从系统科学角度讲，所有系统可以分为自组织系统与他组织系统。自组织系统的相关要素是在没有外力干预的情况下自发主动地组织运作，例如，那些完全靠自己的意愿自发购票来参观的游客，所构成的系统是自组织的。他组织系统的相关要素是在外力干预的情况下游客被动地组织运作，例如，团组游客是由周围省市地方或部门以及旅游业界组织来参观世博会的有组织的游客，这些团组是按计划组织来的（包括团组规模和来参观的时间、要进入的世博会入口等）。把自组织机制与他组织机制相结合，自组织行为与他组织行为合理地相结合，就会从总体上达到较优的结果。

下面列举部分世博会参观人数网上媒体解析，也可看到这两种组织形式的出现。

世博会开园第三日客流大幅回落（2010-5-3）。

世博会昨日（5月5日）入园人数锐减至7.88万，前景不乐观（2010-5-6）。

此前世博局预期参观游客超过7000万人，但以最近几日参观情况来看，最终人数可能远低于7千万。5月5日，上海世博会迎来开园五天来首个雨天。中新社发贾国荣上海5月5日报道 雷雨天气羁绊住欲往上海世博园区观展游客的脚步……（2010-5-6）

世博会昨日入园人数锐减至7.88万（2010-5-6）。

经过此前3个指定日和1个公众开放日的运行，上海世博会的客流数量渐成瞩目的焦点。统计显示，上海世博会开园前4日，累计入园人数78.08万人次，虽说世博园区平稳运行减少了安保等各种服务保障的压力,但游客量不足这样的新问题旋即浮出水面。上海世博局曾总结过前几日运行……(2010-5-6)

上海世博会 6 日入园人数超 10.5 万 门票脱销(2010-5-7)。

上海世博会客流量开始出现缓步回升。官方统计显示,截至 6 日晚 17 时 30 分,上海世博会当日入园人数 10.56 万人次。为了聚拢人气,大批国家馆摆出大阵仗揽客,成为世博园区一景。此前几天,偏低的客流量一度令组织方表示忧虑。然而,场外世博门票的销售……(2010-5-7)

外省市旅游团大量进入上海!!! 旅游团队参观持续……(2010-5-21)

截至当晚 19 时半,经票检入园参观者 29.19 万人,世博会累计参观者达到 405 万人次。当日依然延续近期团队客流占三至四成的特点,截至 19 时半……根据上海世博局票务中心统计,截至当晚 19 时半,园区现场销票 47012 张。当天计划安排 127 场文化演出活动,截至 17 时,已举行 76 场……(2010-5-21)

世博会参观者突破 400 万 旅游团队参观持续增长(2010-5-25)。

世博会累计参观者达到 405 万人次。当日依然延续近期团队客流占三至四成的特点。(2010-5-25)

世博会参观人数持续攀升 夜票逐渐走俏(2010-5-26)。

连续晴好的天气和稳定的团体游客使上海世博会日参观人数持续攀升。今天,园区运行情况平稳,秩序井然。截至 5 月 25 日晚 20 时 30 分,经票检入园的参观者达 34.33 万人,数量较前一天增加约一成,开园以来日参观人数连续第五天超过 30 万。中国馆、日本馆、沙特馆和德国馆等场……(2010-5-26)

世博会累计参观者逾千万 昨(6-5)入园人数 52.49 万再创新高(2010-6-6)。

各地旅游团队入园人数 17.34 万,约占参观者总数的 33%。六月以来,天气晴好,温度适宜,世博客流量迅速突破 1000 万。由于各个场馆精彩不断,展示内容和演出活动的知名度越来越高,吸引公众关注。6 月 1 日伊拉克馆开馆,标志着上海世博会 246 家参展方全部开馆。开馆仅 5 天,伊拉克馆关闭。(2010-6-6)

昨天日本国家馆日 入园参观人数达 42.46 万(2010-6-13)。

在人数统计上,昨天(6-12)经票检入园参观者达 42.46 万人,其中团队参观者约 16.76 万人,持世博大礼包门票入园参观者为 51315 人。上海世博会累计参观者已达 1314.3 万人次。园区现场售票共 42434 张,其中夜票 15757 张。据上海世博局票务中心介绍,预计今天接待各地旅游团队参观者约……(2010-6-13)

今天上午,世博会累计入园参观者将突破 2000 万人次(2010-6-28)。

预计明天(6 月 28 日)上午,世博会累计入园参观者将突破 2000 万人次。截至今晚 19 时,来自各地旅游团队参观者约 14.12 万人,持世博大礼包门票入园参观者为 13.89 万人。园区现场售票 34983 张,其中夜票 12057 张。据世博局票务中

心统计,预约明天参观世博园的旅游团队超过 18 万……(2010-6-28)

以上这些报道正好反映了自组织和他组织行为的交替,事实上在事后对个体(也可叫散客)和团组参观人数变化的统计可以分别看出他们的规律,尤其进入九、十月,由于散客人数增多,团组人数所占比例已从五、六月的 30%~60% 降到 10%~20%,关于这方面介绍在后面还将有涉及。

6.2　人群过分密集引起突发事故的风险估计与预防

6.2.1　人群过分密集混乱会引起群发事件

在未来的几年内,我国各类大型社会活动的数量、规格和档次将呈上升态势。伴随大型社会活动数量的增加,大型社会活动安全事故也在增加。例如,1977 年新疆某俱乐部,因儿童燃放鞭炮引发特大火灾,死亡 694 人;1991 年在山西某市,10 万人涌进了只能容纳 4 万人的公园,造成 106 人因踩踏死亡;1990 年麦加朝圣者在通过一条长隧道时发生洞内拥挤踩踏事件,导致 1426 人死亡;2001 年在加纳阿克拉体育场看台上,球迷发生混战造成 126 人死亡;2004 年阿根廷布宜诺斯艾利斯夜总会出口处突然发生火灾,造成 175 人死亡;2004 年 2 月 1 日在麦加附近米纳举行的破魂仪式上发生人群冲撞骚动,导致至少 244 人踩踏致死;2008 年 9 月 30 日印度西北部拉贾斯坦邦的一座寺庙发生踩踏事件,死亡人数达 179 人。

2010 年 7 月 25 日德国音乐会出现践踏意外,造成 19 死 300 余伤。媒体列出德国音乐节踩踏事件四大原因。

(1)场地超载。

音乐会现场最多只能容纳 80 万人,却有 140 万人到场。音乐会举办地杜伊斯堡人口只有 50 万人。音乐会以前在柏林举办时,人群可分散至附近的公园和其他场地,避免过度拥挤。

(2)出口狭窄,逃生无门。

如此多人进场,唯一的入口只是一条仅 200m×30m 宽的隧道。人群滞留在隧道中,有人爬上墙或紧急扶梯但跌下来,被指是触发人群惊恐、互相践踏的主因。踩踏发生后,很多人仍困在隧道难以脱身,阻碍救援人员进去救人。

(3)现场参与者吸毒饮酒。

不少观众受毒品或酒精影响,精神亢奋,意外时晕倒不省人事,更添混乱。

(4)警方办事不力。

有人质疑警方在意外发生前,早已料到会出现过度拥挤的现象,但未能及时在隧道前截断人流,意外发生后亦未实时中断音乐会,导致更多人员伤亡(图 6.1)。

图 6.1 2010 年德国音乐节人群拥挤情况

2014 年 12 月 31 日 23 时 35 分跨年之夜,很多游客市民聚集在上海外滩迎接新年,外滩陈毅广场发生进入和退出的人流对冲,致使有人摔倒,发生踩踏事件,据《"12·31"外滩拥挤踩踏事件调查报告》报道,最后有 36 人死亡,49 人受伤。据上海踩踏事故目击者吴先生透露,事发时,陈毅广场进入和退出的人流对冲,有人不慎摔倒。另一位送朋友前来就医的余小姐也表示,当时,陈毅广场十分拥挤,一些民众欲上观光平台,另一些人则要下来,人流阻塞,导致有人摔倒,发生踩踏(陈静等,2015)。

数据显示,截至事发当日 20 时~21 时,外滩风景区的人员流量约 12 万人,21 时~22 时约 16 万人,22 时~23 时约 24 万人,23 时至事件发生时约 31 万人,一直处于进多出少、人数持续上升的趋势(图 6.2 和图 6.3)。

图 6.2 2014 年上海踩踏事件前现场

图 6.3　2014 年上海发生踩踏事件后现场

然而,对于人流量的上升,上海市公安局黄浦分局却未及时研判、预警、发布提示信息。黄浦分局仅会同黄浦区市政委等有关部门,对外滩风景区及南京路沿线布置了 350 名民警、108 名城市管理和辅助人员、100 名武警,安保人员配置严重不足。

虽然后期也增调警力,但截至当日 23 时 30 分,黄浦公安分局在外滩风景区、南京路沿线布置警力只有 510 名,其中陈毅广场 80 名(阶梯处 13 名),南京路沿线 150 名(周琳等,2015)。

在事发现场,一个现场目击者介绍了他见到群众自发制止事态进一步发展的过程,他看见观景平台的墙上站了好几个年轻人,其中一个人穿着灰色衣服,他们正做着手势,示意大家往后退。他说:"我觉得这样没用,就大声朝他们喊'快喊','快喊'。他们已经在指挥大家后退了,但是应该喊出来才管用,求生的本能让我冲他们大喊,让他们快喊、快喊。我特别害怕,后面已经有人被压住,有人在惨叫,我觉得是一种求生的本能,我也不知道他们听到我的声音没,兴许压根就没听到,但是有几个人开始喊'后退',渐渐地,'后退','后退'的声音越来越大,更多的人加入,大家一起喊,往下冲的人流终于止住了。"

2015 年 1 月 21 日,上海市公布《"12·31"外滩拥挤踩踏事件调查报告》,认定这是一起对群众性活动预防准备不足、现场管理不力、应对处置不当而引发的拥挤踩踏并造成重大伤亡和严重后果的公共安全责任事件。

6.2.2　上海世博会如何防止过分拥挤和践踏事件

2010 年上海世博会在事前应对人群过分拥挤情况应该是有较好预估和准备

的。会前估算,如果按照 6 m²/人计算,上海世博会瞬时高峰人数应该控制在 55 万人(3.28km² 等待人群的控制指标)。而为了避免过度拥挤,每个等候者空间应有面积应该有一个危险等级的水平,面积越小危险越高(表 6.1)。从理论分析提出,上海世博会瞬时最大访客数不应超过 60 万,最后提出 11 条具体改进可能产生过度拥挤的建议(Wang et al.,2010)。

表 6.1　等候者空间应有面积与相应危险等级

等级	等候者空间面积水平/(m²/人)	人群的平均间隔	特征
A	1.3 以上	1.2 以上	可以保证自由流动:站着等待人群不会影响周围人,人员可以自由穿行
B	1.0~1.3	1.05~1.2	可以穿行:虽然不能达到自由穿行,但人群可以穿行,不会给周围人带来不便
C	0.7~1.0	0.9~1.05	间隔合适:站着等候的人群相互间隔保持舒适,但只适应人群缓慢移动
D	0.3~0.7	0.6~0.9	非接触水平:站着人群可以保持与周围人不会身体接触,不适合于长时间等待
E	0.2~0.3	0.6 以下	接触水平:尽管有站立空间,但无法避免与周围人的身体接触
F	0.2 以下	拥挤不堪情况	拥挤:等待时身体始终与周围人发生接触,心理上感觉不愉快

上海世博会运行以来,各种应对发生拥挤的措施基本是成功的,采取的各种措施使拥挤排队的人群尽量有序前进。但是也发生一些拥挤事件,例如,2010 年 5 月 30 日"韩迷"追星韩国当红偶像团体 SJ(Super Junior),园区演出引发混乱,导致世博出现开园来最严重的拥挤事件。SJ 在世博的演出让其全国的粉丝大量涌入世博园,前来的粉丝人数超过入场名额(据称原来要发 5000 张票,后来只发 2000 张,因此引起不满和混乱),为了能够进入演艺中心,他们不惜冲击武警和安保人员,场面一度失控,甚至传出现场有伤亡的消息,疯狂举动扯下了最后的尊严(图 6.4,图 6.5)。事后,世博组织方表示,网上和一些外电报道园区踩踏伤亡事件严重失实,因为没有人死亡。但受此事件影响,将对之后世博园区歌星、球星、影星进园,重新进行安全评估。事实上,当时在场的游客确实有人发生了倒地,一些人的鞋也被踩丢,幸亏当时有人自发喊出"一、二"往后退,没有再继续往前践踏倒地者,另外,会议组织者及时调动武警维持秩序,不允许外面人再往里进,因此事态没有进一步恶化。

图 6.4　SJ 5 月 30 日演出活动前

(a)

(b)

图 6.5　SJ 引起人群混乱后

实际上,通过对世博会在 2010 年 10 月 16 日视频录像分析,观察到在沙特馆等馆外空间的人群出现极高的密集程度,其实不少地方已经处于将近过饱和状态,据说当天上海世博会组织方曾大力劝阻上海市民不要再到世博会来参观,同时以后不断减少团组参加游览。但如果有意外事件发生,后果将不可设想。最好能通过各种拥挤仿真模型加以仿真演习。国内学者对世博会或类似大型公共场所可能产生的风险(吴忠,2006)和拥堵产生践踏事故(张青松等,2009)都有相应的探讨。

6.3　几个排队中的定性分析

在对整个排队系统行为分析中有一些系统所表现出来的特性值得进一步分析:

(1)随机性。顾客到达的随机性,场馆服务时间的随机性和服务规则的随机性。

(2)自组织性。顾客的自组织性,表现在他们自主地选择参观的时间以及选择他们想参观的展馆和各种活动,同时也会受到媒体和周围人的影响。

(3)计划性(他组织)。会议组织方主动安排。

(4)满意性。顾客、主办方、馆方的要求各有不同,因此他们表现出对事物的满意度要求不一。

对随机性一般会用数理统计、排队论和数字仿真的方法去描述、刻画,进一步导出随机分析结果。

对于自组织和他组织目前还缺少常用的、有效的分析手段,可以用一些随机微分方程去描述,但求解时又不会轻松,比较好用的是采用多主体仿真的方法。一个系统要能够成功运作,需要把自组织机制与他组织机制相结合,自组织行为与他组织行为相结合。本书也企图采用一些直接和简单的方法来分析世博会中出现的自组织和他组织行为。

据统计,世博会在开始几天由于自组织来的散客参观人数较少,后来经过世博会安排,他组织的团组人数大量增加,有时可到 40%~60%,后来直到九、十月总参观人数增多,逐渐改为散客为主,团组人数只占 10%~20%(表 6.2)。

表 6.2　上海世博会期间总参观人数、组团参观人数及其所占比例,散客参观人数
以及团队与散客之比

日期	星期	总参观人数/人	组团参观人数/人	团队占比/%	散客参观人数/人	团队/散客
2010-5-1	六	206900	0	0.00	206900	0.00
2010-5-2	日	220000	45403	20.64	174597	0.26
2010-5-3	一	131700	39686	30.13	92014	0.43
2010-5-4	二	148600	27332	18.39	121268	0.23
2010-5-5	三	88900	22272	25.05	66628	0.33
2010-5-6	四	120200	26885	22.37	93315	0.29
2010-5-7	五	147700	38357	25.97	109343	0.35
2010-5-8	六	209800	62820	29.94	146980	0.43
2010-5-9	日	144000	48543	33.71	95457	0.51
2010-5-10	一	163000	53868	33.05	109132	0.49
2010-5-11	二	180400	57999	32.15	122401	0.47
2010-5-12	三	180100	59758	33.18	120342	0.50
2010-5-13	四	215500	70126	32.54	145374	0.48
2010-5-14	五	240300	89343	37.18	150957	0.59
2010-5-15	六	335300	121920	36.36	213380	0.57
2010-5-16	日	241500	94439	39.11	147061	0.64

日期	星期	总参观人数/人	组团参观人数/人	团队占比/%	散客参观人数/人	团队/散客
2010-5-17	一	236400	95476	40.39	140924	0.68
2010-5-18	二	261900	114019	43.54	147881	0.77
2010-5-19	三	290600	113848	39.18	176752	0.64
2010-5-20	四	296400	120887	40.79	175513	0.69
2010-5-21	五	328500	128088	38.99	200412	0.64
2010-5-22	六	361200	148153	41.02	213047	0.70
2010-5-23	日	311700	121215	38.89	190485	0.64
2010-5-24	一	314500	119337	37.94	195163	0.61
2010-5-25	二	345800	144080	41.67	201720	0.71
2010-5-26	三	353500	145140	41.06	208360	0.70
2010-5-27	四	377000	141948	37.65	235052	0.60
2010-5-28	五	382200	150220	39.30	231980	0.65
2010-5-29	六	505000	173854	34.43	331146	0.53
2010-5-30	日	368300	135044	36.67	233256	0.58
2010-5-31	一	327500	124161	37.91	203339	0.61
2010-6-1	二	311100	118964	38.24	192136	0.62
2010-6-2	三	369600	147316	39.86	222284	0.66
2010-6-3	四	417500	155356	37.21	262144	0.59
2010-6-4	五	437000	156788	35.88	280212	0.56
2010-6-5	六	524900	173494	33.05	351406	0.49
2010-6-6	日	417400	149232	35.75	268168	0.56
2010-6-7	一	487900	159143	32.62	328757	0.48
2010-6-8	二	510900	159533	31.23	351367	0.45
2010-6-9	三	413400	157817	38.18	255583	0.62
2010-6-10	四	391300	158883	40.60	232417	0.68
2010-6-11	五	403000	159286	39.53	243714	0.65
2010-6-12	六	424600	167695	39.49	256905	0.65
2010-6-13	日	417300	137152	32.87	280148	0.49
2010-6-14	一	503200	167489	33.28	335711	0.50
2010-6-15	二	552000	170260	30.84	381740	0.45
2010-6-16	三	379000	138647	36.58	240353	0.58

续表

日期	星期	总参观人数/人	组团参观人数/人	团队占比/%	散客参观人数/人	团队/散客
2010-6-17	四	394100	151665	38.48	242435	0.63
2010-6-18	五	414400	164859	39.78	249541	0.66
2010-6-19	六	429800	167629	39.00	262171	0.64
2010-6-20	日	361200	136353	37.75	224847	0.61
2010-6-21	一	415100	170092	40.98	245008	0.69
2010-6-22	二	409800	171037	41.74	238763	0.72
2010-6-23	三	404100	169281	41.89	234819	0.72
2010-6-24	四	447200	168196	37.61	279004	0.60
2010-6-25	五	480900	171647	35.69	309253	0.56
2010-6-26	六	553500	165376	29.88	388124	0.43
2010-6-27	日	486800	141287	29.02	345513	0.41
2010-6-28	一	458400	179558	39.17	278842	0.64
2010-6-29	二	452600	179165	39.59	273435	0.66
2010-6-30	三	427900	155379	36.31	272521	0.57
2010-7-1	四	369800	150543	40.71	219257	0.69
2010-7-2	五	388000	168134	43.33	219866	0.76
2010-7-3	六	397700	157779	39.67	239921	0.66
2010-7-4	日	358800	119892	33.41	238908	0.50
2010-7-5	一	428500	167055	38.99	261445	0.64
2010-7-6	二	457100	172310	37.70	284790	0.61
2010-7-7	三	403400	155919	38.65	247481	0.63
2010-7-8	四	411500	161031	39.13	250469	0.64
2010-7-9	五	430500	157683	36.63	272817	0.58
2010-7-10	六	493600	149464	30.28	344136	0.43
2010-7-11	日	433800	117466	27.08	316334	0.37
2010-7-12	一	444700	151722	34.12	292978	0.52
2010-7-13	二	476100	159906	33.59	316194	0.51
2010-7-14	三	477300	147430	30.89	329870	0.45
2010-7-15	四	481200	155009	32.21	326191	0.48
2010-7-16	五	471800	155694	33.00	316106	0.49
2010-7-17	六	557200	139687	25.07	417513	0.33

续表

日期	星期	总参观人数/人	组团参观人数/人	团队占比/%	散客参观人数/人	团队/散客
2010-7-18	日	474000	114161	24.08	359839	0.32
2010-7-19	一	448500	141800	31.62	306700	0.46
2010-7-20	二	437400	150773	34.47	286627	0.53
2010-7-21	三	435300	137456	31.58	297844	0.46
2010-7-22	四	425800	136085	31.96	289715	0.47
2010-7-23	五	457200	145243	31.77	311957	0.47
2010-7-24	六	512000	129226	25.24	382774	0.34
2010-7-25	日	453100	98583	21.76	354517	0.28
2010-7-26	一	463800	121566	26.21	342234	0.36
2010-7-27	二	475500	128865	27.10	346635	0.37
2010-7-28	三	453800	126554	27.89	327246	0.39
2010-7-29	四	420200	119230	28.37	300970	0.40
2010-7-30	五	410500	119452	29.10	291048	0.41
2010-7-31	六	441000	108861	24.69	332139	0.33
2010-8-1	日	316000	82713	26.18	233287	0.35
2010-8-2	一	336800	101249	30.06	235551	0.43
2010-8-3	二	336000	109956	32.73	226044	0.49
2010-8-4	三	335700	108222	32.24	227478	0.48
2010-8-5	四	352200	108795	30.89	243405	0.45
2010-8-6	五	388100	116274	29.96	271826	0.43
2010-8-7	六	442400	115731	26.16	326669	0.35
2010-8-8	日	390700	92003	23.55	298697	0.31
2010-8-9	一	398400	104930	26.34	293470	0.36
2010-8-10	二	422700	115961	27.43	306739	0.38
2010-8-11	三	373800	112086	29.99	261714	0.43
2010-8-12	四	369800	116419	31.48	253381	0.46
2010-8-13	五	383200	127652	33.31	255548	0.50
2010-8-14	六	425800	129438	30.40	296362	0.44
2010-8-15	日	334500	98200	29.36	236300	0.42
2010-8-16	一	427200	114266	26.75	312934	0.37
2010-8-17	二	397600	122007	30.69	275593	0.44

续表

日期	星期	总参观人数/人	组团参观人数/人	团队占比/%	散客参观人数/人	团队/散客
2010-8-18	三	415300	125934	30.32	289366	0.44
2010-8-19	四	417200	119330	28.60	297870	0.40
2010-8-20	五	455500	134055	29.43	321445	0.42
2010-8-21	六	568300	137220	24.15	431080	0.32
2010-8-22	日	488600	103622	21.21	384978	0.27
2010-8-23	一	436400	119051	27.28	317349	0.38
2010-8-24	二	417800	126156	30.20	291644	0.43
2010-8-25	三	432400	128168	29.64	304232	0.42
2010-8-26	四	492600	127992	25.98	364608	0.35
2010-8-27	五	507800	148665	29.28	359135	0.41
2010-8-28	六	527600	95258	18.05	432342	0.22
2010-8-29	日	397300	92132	23.19	305168	0.30
2010-8-30	一	270800	72986	26.95	197814	0.37
2010-8-31	二	200700	53382	26.60	147318	0.36
2010-9-1	三	181700	45795	25.20	135905	0.34
2010-9-2	四	226600	57192	25.24	169408	0.34
2010-9-3	五	262500	71025	27.06	191475	0.37
2010-9-4	六	369300	89377	24.20	279923	0.32
2010-9-5	日	290800	63748	21.92	227052	0.28
2010-9-6	一	230600	68063	29.52	162537	0.42
2010-9-7	二	237100	81216	34.25	155884	0.52
2010-9-8	三	250100	90233	36.08	159867	0.56
2010-9-9	四	249100	95264	38.24	153836	0.62
2010-9-10	五	341300	109062	31.95	232238	0.47
2010-9-11	六	486400	139498	28.68	346902	0.40
2010-9-12	日	361500	106507	29.46	254993	0.42
2010-9-13	一	296500	113682	38.34	182818	0.62
2010-9-14	二	316900	118960	37.54	197940	0.60
2010-9-15	三	335300	128385	38.29	206915	0.62
2010-9-16	四	363200	138246	38.06	224954	0.61
2010-9-17	五	394000	155233	39.40	238767	0.65

日期	星期	总参观人数/人	组团参观人数/人	团队占比/%	散客参观人数/人	团队/散客
2010-9-18	六	431800	135403	31.36	296397	0.46
2010-9-19	日	329400	100593	30.54	228807	0.44
2010-9-20	一	298200	113925	38.20	184275	0.62
2010-9-21	二	286900	117968	41.12	168932	0.70
2010-9-22	三	487000	112711	23.14	374289	0.30
2010-9-23	四	631200	136744	21.66	494456	0.28
2010-9-24	五	385400	116406	30.20	268994	0.43
2010-9-25	六	353800	92228	26.07	261572	0.35
2010-9-26	日	296400	80966	27.32	215434	0.38
2010-9-27	一	340400	113588	33.37	226812	0.50
2010-9-28	二	354700	97917	27.61	256783	0.38
2010-9-29	三	304100	83973	27.61	220127	0.38
2010-9-30	四	316200	73259	23.17	242941	0.30
2010-10-1	五	254000	66787	26.29	187213	0.36
2010-10-2	六	391800	112856	28.80	278944	0.40
2010-10-3	日	447500	126028	28.16	321472	0.39
2010-10-4	一	431300	121301	28.12	309999	0.39
2010-10-5	二	432100	102064	23.62	330036	0.31
2010-10-6	三	298400	62630	20.99	235770	0.27
2010-10-7	四	219200	28631	13.06	190569	0.15
2010-10-8	五	338900	42879	12.65	296021	0.14
2010-10-9	六	447100	46130	10.32	400970	0.12
2010-10-10	日	562800	53417	9.49	509383	0.10
2010-10-11	一	403600	65411	16.21	338189	0.19
2010-10-12	二	415300	67188	16.18	348112	0.19
2010-10-13	三	437100	68129	15.59	368971	0.18
2010-10-14	四	494500	76932	15.56	417568	0.18
2010-10-15	五	627900	94792	15.10	533108	0.18
2010-10-16	六	1032800	99767	9.66	933033	0.11
2010-10-17	日	744900	87285	11.72	657615	0.13
2010-10-18	一	622700	97897	15.72	524803	0.19

续表

日期	星期	总参观人数/人	组团参观人数/人	团队占比/%	散客参观人数/人	团队/散客
2010-10-19	二	641500	97466	15.19	544034	0.18
2010-10-20	三	646600	94240	14.57	552360	0.17
2010-10-21	四	732800	90758	12.39	642042	0.14
2010-10-22	五	860600	109802	12.76	750798	0.15
2010-10-23	六	837500	95026	11.35	742474	0.13
2010-10-24	日	748300	70506	9.42	677794	0.10
2010-10-25	一	315000	61156	19.41	253844	0.24
2010-10-26	二	308700	56001	18.14	252699	0.22
2010-10-27	三	364400	51515	14.14	312885	0.16
2010-10-28	四	396700	52648	13.27	344052	0.15
2010-10-29	五	510500	53163	10.41	457337	0.12
2010-10-30	六	428600	72207	16.85	356393	0.20
2010-10-31	日	304200	0	0.00	304200	0.00

　　把表 6.2 中每天总参观人数、团组参观人数和散客参观人数看成三组随机时间序列，并分别计算其 Hurst 指数，结果如下：总参观人数的 Hurst 指数（$H_{总}$）＝0.815，团组参观人数的 Hurst 指数（$H_{团}$）＝0.990，散客参观人数的 Hurst 指数（$H_{散}$）＝0.802。

　　第一个启示是团组规律比散客的随机趋势更为稳定；第二个启示是总人数的 Hurst 指数在散客与团组的指数中间；第三个启示是为什么世博会参观人数的 Hurst 指数 $H_{总}$ 会在 0.815 左右。有意思的是在收集了北京园博会参观人数数据后，也计算了它的 Hurst 指数，结果为 $H_{园博总}$＝0.828，与 0.815 相近，说明大型活动的 Hurst 指数有一定的规律；另外，园博会团组参观人数的 Hurst 指数（$H_{园博团}$）＝0.853 远小于世博会团组的 $H_{团}$＝0.990，这反映了北京园博会的组织没有上海世博会的强，而 2013 年北京园博会散客参观人数的 Hurst 指数（$H_{园博散}$）＝0.809 却与世博会的 0.802 相近（Gu et al.，2013）。

　　关于满意性或满意度，一般是较主观的度量，而且由于追求的目标不一样，一般像世博会那样的大型社会活动，其顾客、主办方、馆方的满意度要求不会一样。

　　1）顾客满意度：顾客期望值与感知的比较

　　美国运筹学家 Maister 特别关注排队心理学，他认为心理感受到的队长比实际的队长要长得多，因此提供服务方必须好好研究排队心理学来改进排队的质量，他提出了八条有关排队的心理因素（Maister，1985），这里仅列举几个。

与组织者相关的因数如下：

(1)不公平与公平的等待。

世博期间普通顾客与贵宾等待的公平问题,不同票价顾客的公平问题,预约与随机顾客的公平问题。

(2)不舒适与舒适的等待。

创建舒适的等待环境,采用叫号机系统保持等待的舒适度与公平性,世博会亮点场馆可采用门口拿号、预计入场时间和按号自动检票,使顾客在等待时期可以参与其他活动(如中国馆)。此外,除了在园区内设置喷雾降温设施,安置大量遮阳罩、遮阳伞,还向参观者免费发放扇子,还有个别馆提供排队者座位。有些场馆还提供排队现场的小表演,这些都使排队尽可能轻松和舒适。

(3)没有解释过与解释过的等待。

园方和馆方尽量告知等待的原因和大约需等待的时间,并通过电子显示牌公告相关信息。

(4)过程前的与过程进行中的等待。

顾客对于进入服务系统前的等待感觉比进入服务系统之后更加不满意,服务系统应尽量减少顾客在过程前的等待时间,还采用事先预约拿号(如中国馆)和门禁前移(如加拿大馆)等措施。

与顾客相关的因数如下：

(1)独自等待与群体等待。

减少独自等待时间,主张小团体同行共同等待并相互照顾。

(2)等待高价值服务与低价值服务。

由于顾客事先知道一些场馆服务高价值,如沙特馆和石油馆,因此可以耐心等待七、八个小时甚至更多,出馆后并不后悔等待那么长时间。

(3)顾客的价值系统。

有的顾客不愿意花时间等待,听说队长就不肯去参观,当然也有的顾客不顾他人利益,加塞插队,甚至假装残疾人或老人的家属。

(4)顾客的态度。

上海世博会期间如何变空闲等待为忙碌等待、变焦急等待为耐心等待。

关于排队者心理行为研究可以参考相关文献(Maister,1985;Jiang et al.,2011;Shi et al.,2010)。

2)主办方满意度

主办方一方面关心整个博览会的服务质量,还在预展期间进行了大量调查,对某些设备、设施改进了服务质量(梁继凯,2010);另一方面关心参观的顾客数量。在5月初期顾客数量远少于原来预估的每天40万,因此采取很多措施来提高参观者数量,明显感到团组参观者增多,后来散客才不断增加。到 10 月份,特别是 10 月 16 日游客达到 103 万,主办方又担心出现踩踏事故,开始劝阻有些游客不要来世博会。特别宣告中国馆将延展,减少了去中国馆的游客。

3) 馆方的满意度

一些热门展馆以去他们展馆的队比较长而骄傲,媒体也在这方面推波助澜。但是加拿大馆和土耳其馆等馆主曾对此颇有微词,他们希望还要看实际被服务到的每天顾客数,例如,他们指出其实沙特馆一天也就服务 2 万多人,而加拿大馆每天可服务 4 万多人,有时甚至 5 万人。

上海交通大学世博与国家形象研究小组还调查了参展外国馆自己的评价。得到了数十个参展国馆方负责人的打分,其中 95.9% 的参展国认为实现了预期展示目标,95.8% 的馆方对游客反应满意。馆方对于世博会组织者和志愿者以及中国游客的表现,分别给出了 91.6% 和 70.9% 的满意度评价。另外,87.5% 的外国馆方对中国媒体的表现表示满意,这一比例高于其对本国媒体和其他国际媒体的评价。

关于满意性的调查更多实际案例在第 5 章已有介绍,这里不再赘述。

6.4　排队集群行为的描述

在排队集群行为研究中将应用牛文元团队在探索一般社会集群行为中一些有用的概念和方法,如三度理论(集中度、组织度、临界度)。还有各种采用不同原则而促使一些群众自动向某些馆集中,如从众(因为人多就凑热闹)、从权(因为上级安排)、从兴趣(因为喜欢所参观的内容)、从利(因为敲章、小礼品等)、从理(因为人少图清静而来或人太多而不去某些拥挤的馆)等(李倩倩,2011)。

6.5　各展馆定性和定量综合聚类

上海世博会有上百个展馆,如何来判断他们的优劣,特别从整体角度看,如何加以分类,以便总体考察和总结经验是个问题。上海交通大学已为 30 个外国展馆加以排序,但没有做聚类。人们经常说物以类聚,但聚类也要有些标准,下面介绍从不同属性用不同聚类的方法对部分展馆进行过的一些聚类结果(Li et al., 2016)。

1. 方法一:AP 近邻算法

该方法最大好处是不用指定聚类数目,自动聚类,所以,最少聚出 9 类。具体如表 6.3～表 6.11 所示。

表 6.3　聚类 1

场馆名称	平均队长/人	平均等待时间/min	B/C	Hurst-L	Hurst-W
俄罗斯馆	1043.37	103.72	10.06	0.78	0.76
法国馆	1642.89	84.76	19.38	0.74	0.73
国家电网馆	415.94	55.52	7.49	0.78	0.77
韩国馆	2444.26	173.00	14.13	0.76	0.70
日本馆	3510.44	236.91	14.82	0.74	0.65
沙特馆	4237.76	253.84	16.69	0.83	0.71
石油馆	2634.85	240.83	10.94	0.64	0.51
太空家园馆	1223.11	172.58	7.09	0.67	0.59
万科馆	246.18	72.68	3.39	0.72	0.70
西班牙馆	1522.10	80.07	19.01	0.80	0.82
意大利馆	1221.01	83.05	14.70	0.84	0.79
英国馆	1399.13	104.05	13.45	0.82	0.87

表 6.4　聚类 2

场馆名称	平均队长/人	平均等待时间/min	B/C	Hurst-L	Hurst-W
澳大利亚馆	683.38	31.48	21.71	0.86	0.79
巴西馆	321.50	35.80	8.98	0.80	0.69
加拿大馆	358.02	31.38	11.41	0.83	0.68
印度馆	377.02	34.95	10.79	0.82	0.74

表 6.5　聚类 3

场馆名称	平均队长/人	平均等待时间/min	B/C	Hurst-L	Hurst-W
埃及馆	318.08	64.35	4.94	0.71	0.88
韩国企业联合馆	138.61	18.45	7.51	0.78	0.78
汉堡案例馆	27.50	11.65	2.36	0.71	0.77
伦敦案例馆	2.62	0.76	3.44	0.72	0.75
宁波案例馆	8.04	2.30	3.50	0.75	0.77
土耳其馆	178.28	20.26	8.80	0.76	0.82
土库曼斯坦馆	62.14	6.21	10.00	0.74	0.81

表 6.6　聚类 4

场馆名称	平均队长/人	平均等待时间/min	B/C	Hurst-L	Hurst-W
阿联酋馆	579.95	118.43	4.90	0.83	0.85
哈萨克斯坦馆	264.14	100.79	2.62	0.70	0.83
可口可乐馆	964.19	183.56	5.25	0.75	0.84
日本产业馆	839.29	131.38	6.39	0.85	0.84
瑞典馆	336.10	43.77	7.68	0.81	0.81
瑞士馆	1684.05	111.68	15.08	0.88	0.93
思科馆	197.22	113.06	1.74	0.83	0.83
远大馆	421.85	75.52	5.59	0.80	0.79
中国船舶馆	751.38	77.11	9.74	0.80	0.82
中国航空馆	640.87	148.75	4.31	0.81	0.73

表 6.7　聚类 5

场馆名	平均队长/人	平均等待时间/min	B/C	Hurst-L	Hurst-W
阿尔萨斯案例	3.58	1.13	3.16	0.77	0.80
阿根廷馆	102.83	9.86	10.43	0.80	0.82
爱尔兰馆	142.25	16.06	8.86	0.80	0.87
安哥拉馆	39.10	18.04	2.17	0.78	0.87
芬兰馆	216.94	26.32	8.24	0.79	0.81
卡塔尔馆	117.99	11.69	10.09	0.79	0.82
拉脱维亚馆	118.10	16.62	7.11	0.84	0.88
黎巴嫩馆	55.88	5.52	10.13	0.79	0.83
挪威馆	170.10	19.54	8.71	0.84	0.87
斯里兰卡馆	38.51	4.83	7.98	0.81	0.92
乌克兰馆	31.76	3.91	8.11	0.79	0.84

表 6.8　聚类 6

场馆名称	平均队长/人	平均等待时间/min	B/C	Hurst-L	Hurst-W
阿曼馆	127.77	12.90	9.90	0.75	0.75
朝鲜馆	16.28	1.12	14.50	0.65	0.60
非洲联合馆	11.46	0.28	41.51	0.63	0.62
哥伦比亚馆	165.00	16.31	10.12	0.73	0.71

场馆名称	平均队长/人	平均等待时间/min	B/C	Hurst-L	Hurst-W
国际组织联合馆	10.48	1.61	6.49	0.74	0.72
柬埔寨馆	61.32	5.77	10.63	0.72	0.76
马德里案例馆	7.45	1.69	4.41	0.64	0.64
南非馆	203.08	24.42	8.32	0.65	0.63
葡萄牙馆	300.68	25.85	11.63	0.64	0.67
太平洋联合馆	6.50	0.51	12.68	0.64	0.61
泰国馆	948.10	48.11	19.71	0.81	0.81
突尼斯馆	14.09	1.55	9.09	0.73	0.72
温哥华案例馆	9.88	3.22	3.07	0.71	0.66
伊朗馆	75.13	7.03	10.69	0.66	0.67
中国馆	3319.57	48.68	68.19	0.70	0.70

表 6.9 聚类 7

场馆名称	平均队长/人	平均等待时间/min	B/C	Hurst-L	Hurst-W
奥地利馆	140.15	25.14	5.58	0.91	0.87
丹麦馆	260.73	31.49	8.28	0.82	0.81
罗马尼亚馆	113.13	35.63	3.18	0.89	0.88
美国馆	1070.42	85.58	12.51	0.93	0.88
上海企业联合馆	462.57	66.26	6.98	0.96	0.93
世界气象组织馆	85.41	45.68	1.87	0.83	0.80
新加坡馆	368.06	53.66	6.86	0.86	0.85
信息通信馆	760.57	96.71	7.86	0.88	0.97
以色列馆	302.72	51.94	5.83	0.88	0.85
中国人保企业馆	60.67	33.88	1.79	0.84	0.76
中国铁路馆	208.72	62.76	3.33	0.95	0.99

表 6.10 聚类 8

场馆名称	平均队长/人	平均等待时间/min	B/C	Hurst-L	Hurst-W
阿尔及利亚馆	39.41	3.95	9.98	0.91	0.92
爱沙尼亚馆	39.18	5.87	6.68	0.91	0.85
巴基斯坦馆	111.88	11.27	9.92	0.96	0.96

续表

场馆名称	平均队长/人	平均等待时间/min	B/C	Hurst-L	Hurst-W
白俄罗斯馆	23.65	1.80	13.16	0.86	0.86
比利时馆	440.13	29.21	15.07	0.90	0.87
冰岛馆	188.06	23.61	7.97	0.89	0.91
波黑馆	18.83	1.70	11.09	0.82	0.80
波兰馆	510.82	37.92	13.47	0.82	0.82
城市足迹馆	379.69	20.48	18.54	0.88	0.81
菲律宾馆	29.42	3.96	7.43	0.92	0.85
国际信息发展网馆	23.21	5.15	4.51	0.93	0.94
荷兰馆	147.63	7.62	19.37	0.87	0.85
红十字组织馆	13.16	3.86	3.41	0.89	0.93
克罗地亚馆	57.77	9.96	5.80	0.86	0.82
联合国馆	28.40	7.91	3.59	0.95	0.87
卢森堡馆	114.40	5.78	19.78	0.89	0.86
马来西亚馆	165.63	16.47	10.05	0.85	0.82
麦加米纳案例馆	12.65	3.66	3.46	0.88	0.84
秘鲁馆	95.95	9.27	10.35	0.84	0.84
摩洛哥馆	116.88	11.82	9.89	0.88	0.90
摩纳哥馆	137.00	14.33	9.56	0.85	0.86
墨西哥馆	125.34	13.60	9.22	0.82	0.83
欧洲联合馆 1	42.27	2.77	15.27	1.01	1.00
塞尔维亚馆	111.50	11.95	9.33	0.82	0.84
生命阳光馆	37.09	2.32	15.96	0.92	0.91
世博会博物馆	128.50	13.86	9.27	0.98	0.97
世界贸易中心协会馆	2.74	0.70	3.94	0.79	0.79
斯洛文尼亚馆	38.40	4.37	8.79	0.83	0.81
委内瑞拉馆	23.31	2.64	8.84	0.91	0.88
文莱馆	7.55	1.24	6.10	0.81	0.78
乌兹别克馆	100.83	12.20	8.26	0.87	0.80
希腊馆	124.07	13.83	8.97	0.92	0.94
新西兰馆	130.28	8.44	15.44	0.82	0.81
匈牙利馆	113.98	8.08	14.10	0.86	0.89
震旦馆	231.08	19.56	11.81	0.86	0.84
智利馆	37.61	4.28	8.79	0.81	0.82

表 6.11　聚类 9

场馆名称	平均队长/人	平均等待时间/min	B/C	Hurst-L	Hurst-W
城市地球馆	83.64	1.32	63.27	0.78	0.81
城市人馆	36.09	0.64	56.27	0.83	0.78
公众参与馆	77.74	4.21	18.46	0.80	0.82
古巴馆	3.08	0.38	8.20	0.77	0.76
加共体联合馆	10.50	0.85	12.38	0.76	0.75
捷克馆	25.73	2.33	11.06	0.78	0.77
尼泊尔馆	135.13	6.23	21.71	0.81	0.79
省区市馆	318.28	2.43	131.06	0.79	0.82
印尼馆	188.84	11.53	16.37	0.79	0.81
中南美洲联合馆	12.83	1.20	10.73	0.77	0.76

2. 方法二:模糊 C 聚类

需要指定聚类数目,此处指定聚类数目=4。具体结果如表 6.12~表 6.15 所示。

表 6.12　聚类 1

场馆名称	平均队长/人	平均等待时间/min	B/C	Hurst-L	Hurst-W
阿尔萨斯案例	3.58	1.13	3.16	0.77	0.80
阿曼馆	127.77	12.90	9.90	0.75	0.75
巴西馆	321.50	35.80	8.98	0.80	0.69
朝鲜馆	16.28	1.12	14.50	0.65	0.60
非洲联合馆	11.46	0.28	41.51	0.63	0.62
哥伦比亚馆	165.00	16.31	10.12	0.73	0.71
古巴馆	3.08	0.38	8.20	0.77	0.76
国际组织联合馆	10.48	1.61	6.49	0.74	0.72
汉堡案例馆	27.50	11.65	2.36	0.71	0.77
加共体联合馆	10.50	0.85	12.38	0.76	0.75
加拿大馆	358.02	31.38	11.41	0.83	0.68
柬埔寨馆	61.32	5.77	10.63	0.72	0.76
捷克馆	25.73	2.33	11.06	0.78	0.77
伦敦案例馆	2.62	0.76	3.44	0.72	0.75
马德里案例馆	7.45	1.69	4.41	0.64	0.64

场馆名称	平均队长/人	平均等待时间/min	B/C	Hurst-L	Hurst-W
南非馆	203.08	24.42	8.32	0.65	0.63
宁波案例馆	8.04	2.30	3.50	0.75	0.77
葡萄牙馆	300.68	25.85	11.63	0.64	0.67
太平洋联合馆	6.50	0.51	12.68	0.64	0.61
突尼斯馆	14.09	1.55	9.09	0.73	0.72
土库曼斯坦馆	62.14	6.21	10.00	0.74	0.81
万科馆	246.18	72.68	3.39	0.72	0.70
温哥华案例馆	9.88	3.22	3.07	0.71	0.66
伊朗馆	75.13	7.03	10.69	0.66	0.67
中南美洲联合馆	12.83	1.20	10.73	0.77	0.76

表 6.13　聚类 2

场馆名称	平均队长/人	平均等待时间/min	B/C	Hurst-L	Hurst-W
阿尔及利亚馆	39.41	3.95	9.98	0.91	0.92
爱沙尼亚馆	39.18	5.87	6.68	0.91	0.85
奥地利馆	140.15	25.14	5.58	0.91	0.87
巴基斯坦馆	111.88	11.27	9.92	0.96	0.96
白俄罗斯馆	23.65	1.80	13.16	0.86	0.86
比利时馆	440.13	29.21	15.07	0.90	0.87
冰岛馆	188.06	23.61	7.97	0.89	0.91
城市足迹馆	379.69	20.48	18.54	0.88	0.81
菲律宾馆	29.42	3.96	7.43	0.92	0.85
国际信息发展网馆	23.21	5.15	4.51	0.93	0.94
荷兰馆	147.63	7.62	19.37	0.87	0.85
红十字组织馆	13.16	3.86	3.41	0.89	0.93
克罗地亚馆	57.77	9.96	5.80	0.86	0.82
拉脱维亚馆	118.10	16.62	7.11	0.84	0.88
联合国馆	28.40	7.91	3.59	0.95	0.87
卢森堡馆	114.40	5.78	19.78	0.89	0.86
罗马尼亚馆	113.13	35.63	3.18	0.89	0.88
麦加米纳案例馆	12.65	3.66	3.46	0.88	0.84

场馆名称	平均队长/人	平均等待时间/min	B/C	Hurst-L	Hurst-W
美国馆	1070.42	85.58	12.51	0.93	0.88
摩洛哥馆	116.88	11.82	9.89	0.88	0.90
摩纳哥馆	137.00	14.33	9.56	0.85	0.86
挪威馆	170.10	19.54	8.71	0.84	0.87
欧洲联合馆1	42.27	2.77	15.27	1.01	1.00
上海企业联合馆	462.57	66.26	6.98	0.96	0.93
生命阳光馆	37.09	2.32	15.96	0.92	0.91
世博会博物馆	128.50	13.86	9.27	0.98	0.97
斯里兰卡馆	38.51	4.83	7.98	0.81	0.92
委内瑞拉馆	23.31	2.64	8.84	0.91	0.88
希腊馆	124.07	13.83	8.97	0.92	0.94
新加坡馆	368.06	53.66	6.86	0.86	0.85
信息通信馆	760.57	96.71	7.86	0.88	0.97
匈牙利馆	113.98	8.08	14.10	0.86	0.89
以色列馆	302.72	51.94	5.83	0.88	0.85
震旦馆	231.08	19.56	11.81	0.86	0.84
中国铁路馆	208.72	62.76	3.33	0.95	0.99

表 6.14　聚类 3

场馆名称	平均队长/人	平均等待时间/min	B/C	Hurst-L	Hurst-W
阿联酋馆	579.95	118.43	4.90	0.83	0.85
俄罗斯馆	1043.37	103.72	10.06	0.78	0.76
法国馆	1642.89	84.76	19.38	0.74	0.73
哈萨克斯坦馆	264.14	100.79	2.62	0.70	0.83
韩国馆	2444.26	173.00	14.13	0.76	0.70
可口可乐馆	964.19	183.56	5.25	0.75	0.84
日本产业馆	839.29	131.38	6.39	0.85	0.84
日本馆	3510.44	236.91	14.82	0.74	0.65
瑞士馆	1684.05	111.68	15.08	0.88	0.93
沙特馆	4237.76	253.84	16.69	0.83	0.71
石油馆	2634.85	240.83	10.94	0.64	0.51

续表

场馆名称	平均队长/人	平均等待时间/min	B/C	Hurst-L	Hurst-W
思科馆	197.22	113.06	1.74	0.83	0.83
太空家园馆	1223.11	172.58	7.09	0.67	0.59
泰国馆	948.10	48.11	19.71	0.81	0.81
西班牙馆	1522.10	80.07	19.01	0.80	0.82
意大利馆	1221.01	83.05	14.70	0.84	0.79
英国馆	1399.13	104.05	13.45	0.82	0.87
中国船舶馆	751.38	77.11	9.74	0.80	0.82
中国馆	3319.57	48.68	68.19	0.70	0.70
中国航空馆	640.87	148.75	4.31	0.81	0.73

表 6.15 聚类 4

场馆名称	平均队长/人	平均等待时间/min	B/C	Hurst-L	Hurst-W
阿根廷馆	102.83	9.86	10.43	0.80	0.82
埃及馆	318.08	64.35	4.94	0.71	0.88
爱尔兰馆	142.25	16.06	8.86	0.80	0.87
安哥拉馆	39.10	18.04	2.17	0.78	0.87
澳大利亚馆	683.38	31.48	21.71	0.86	0.79
波黑馆	18.83	1.70	11.09	0.82	0.80
波兰馆	510.82	37.92	13.47	0.82	0.82
城市地球馆	83.64	1.32	63.27	0.78	0.81
城市人馆	36.09	0.64	56.27	0.83	0.78
丹麦馆	260.73	31.49	8.28	0.82	0.81
芬兰馆	216.94	26.32	8.24	0.79	0.81
公众参与馆	77.74	4.21	18.46	0.80	0.82
国家电网馆	415.94	55.52	7.49	0.78	0.77
韩国企业联合馆	138.61	18.45	7.51	0.78	0.78
卡塔尔馆	117.99	11.69	10.09	0.79	0.82
黎巴嫩馆	55.88	5.52	10.13	0.79	0.83
马来西亚馆	165.63	16.47	10.05	0.85	0.82
秘鲁馆	95.95	9.27	10.35	0.84	0.84
墨西哥馆	125.34	13.60	9.22	0.82	0.83

场馆名称	平均队长/人	平均等待时间/min	B/C	Hurst-L	Hurst-W
尼泊尔馆	135.13	6.23	21.71	0.81	0.79
瑞典馆	336.10	43.77	7.68	0.81	0.81
塞尔维亚馆	111.50	11.95	9.33	0.82	0.84
省区市馆	318.28	2.43	131.06	0.79	0.82
世界贸易中心协会馆	2.74	0.70	3.94	0.79	0.79
世界气象组织馆	85.41	45.68	1.87	0.83	0.80
斯洛文尼亚馆	38.40	4.37	8.79	0.83	0.81
土耳其馆	178.28	20.26	8.80	0.76	0.82
文莱馆	7.55	1.24	6.10	0.81	0.78
乌克兰馆	31.76	3.91	8.11	0.79	0.84
乌兹别克馆	100.83	12.20	8.26	0.87	0.80
新西兰馆	130.28	8.44	15.44	0.82	0.81
印度馆	377.02	34.95	10.79	0.82	0.74
印尼馆	188.84	11.53	16.37	0.79	0.81
远大馆	421.85	75.52	5.59	0.80	0.79
智利馆	37.61	4.28	8.79	0.81	0.82
中国人保企业馆	60.67	33.88	1.79	0.84	0.76

3. 方法三：基于 SOM 的上海世博会场馆聚类分析

为了更好地评价不同馆的服务效率，按照场馆平均队长 L、场馆平均等待时间 W 及他们相应的 Hurst 指数，队长 Hurst 指数 Hurst-L，场馆等待时间 Hurst 指数 Hurst-W 按照自组织图进行分类。计算机自动将所有馆分成 4 类（图 6.6）。

图 6.6 中场馆在相同色块下表示在同一聚类结果中。SOM 每个六边形格中场馆的名称采用场馆类型的缩写。N 表示国家和地区馆，E 表示企业馆，I 表示国际馆，T 表示主题馆，C 表示案例馆。世博会场馆分类自组织图（考虑队长、等待时间、Hurst 队长指数、Hurst 等待时间指数 4 个属性），用 4 种颜色加以区分，其中白色 C4（如 N43 表示沙特馆），深灰色 C2（如 N3 表示阿联酋），浅灰色 C3（如 N8 表示澳大利亚），黑色 C1（如 N9 表示巴西）等 。表 6.16 显示了这 4 个类中 4 个指标的类内平均值。

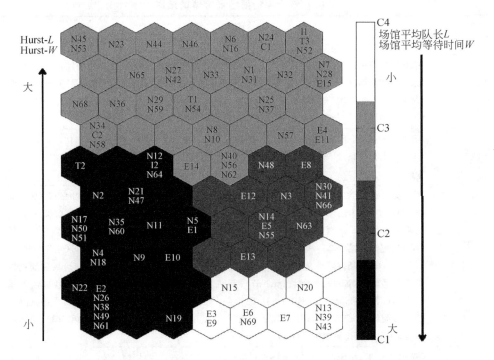

图 6.6　基于 SOM 的上海世博会场馆聚类结果

Hurst-*L*：场馆排队队长 Hurst 指数；Hurst-*W*：场馆等待时间 Hurst 指数

表 6.16　场馆聚类结果属性描述

聚类	C1	C2	C3	C4
Hurst-*L*	0.755	0.854	0.889	0.704
Hurst-*W*	0.755	0.850	0.881	0.754
场馆平均队长 *L*	199	997	180	2544
场馆平均等待时间 *W*	29	101	20	179

　　考虑到数据和其他方面的因素在这次分类中只选择了 90 个样本场馆。在这 90 个样本场馆中属于第一类的有 26 个占 28.9%，第二类有 12 个占 13.3%，第三类 42 个占 46.7%，第四类 10 个占 11.1%。表 6.17 表示这 90 个样本场馆具体馆名，给出场馆总编号以及它们所属聚类号对应情况。

表 6.17　上海世博会场馆聚类结果

聚类	场馆名称(编号)
C1(26 个)	阿根廷馆(N2),阿曼馆(N4),埃及馆(N5),巴西馆(N9),波兰馆(N11),丹麦馆(N12),芬兰馆(N17),哥伦比亚馆(N18),哈萨克斯坦馆(N19),加拿大馆(N21),柬埔寨馆(N22),黎巴嫩馆(N26),南非馆(N35),葡萄牙馆(N38),台湾馆(N47),突尼斯馆(N49),土耳其馆(N50),土库曼斯坦馆(N51),亚洲联合馆2(N60),伊朗馆(N61),印度馆(N64),国家电网馆(E1),韩国企业联合馆(E2),万科馆(E10),世界气象组织馆(I2),公众参与馆(T2)
C2(12 个)	阿联酋馆(N3),俄罗斯馆(N14),美国馆(N30),瑞士馆(N41),泰国馆(N48),西班牙馆(N55),意大利馆(N63),英国馆(N66),日本产业馆(E5),思科馆(E8),中国船舶馆(E12),中国航空馆(E13)
C3(42 个)	阿尔及利亚馆(N1)爱沙尼亚馆(N6),安哥拉馆(N7),澳大利亚馆(N8),比利时馆(N10),菲律宾馆(N16),卡塔尔馆(N23),克罗地亚馆(N24),拉脱维亚馆(N25)卢森堡馆(N27),罗马尼亚馆(N28),马来西亚馆(N29),秘鲁馆(N31),摩洛哥馆(N32),摩纳哥馆(N33)墨西哥馆(N34),尼泊尔馆(N36),挪威馆(N37),瑞典馆(N40),塞尔维亚馆(N42),省区市馆(N44),斯里兰卡馆(N45),斯洛文尼亚馆(N46),委内瑞拉馆(N52),乌克兰馆(N53),乌兹别克馆(N54),香港馆(N56),新加坡馆(N57),新西兰馆(N58),亚洲联合馆1(N59),以色列馆(N62),印尼馆(N65),智利馆(N68),民营企业联合馆(E4),信息通信馆(E11),中国铁路馆(E14),震旦馆(E15),国际信息发展网馆(I1),城市足迹馆(T1),生命阳光馆(T3),麦加米纳案例(C1),温哥华案例馆(C2)
C4(10 个)	德国馆(N13),法国馆(N15),韩国馆(N20),日本馆(N39),沙特馆(N43),中国馆(N69),可口可乐馆(E3),石油馆(E7),上汽-通用汽车馆(E6),太空家园馆(E9)

第四类场馆中,队长和等待时间的 Hurst 指数较低,平均队长和等待时间较长。这些场馆通常是热门场馆,参观者给予的评价最高。这些著名的国家馆和企业馆设计新颖的展览项目吸引游客。如石油馆的 4D 电影、上汽-通用汽车馆展示的新概念汽车。此外,沙特馆以"月亮船"闻名,这是一艘"丝路宝船",乘上这艘船,可望见 1000 多年前中国与阿拉伯世界之间"海上丝绸之路"的兴盛场景。另外,沙特馆还有世界最大的 3D IMAX 屏幕。

第二类场馆中属性值都比较高。这些场馆的在参观者中的口碑次好。由于 Hurst-L 和 Hurst-W 都比较高,所以参观者人数稳定。这也可能源于参观者很难进入最好的第四类场馆,继而转向次优的第二类场馆,较高的口碑、人气以及可以忍受的排队队长、等待时间促使第二类场馆保持了稳定的参观比例。

第三类和第一类场馆的平均队长和等待时间都比较短,第三类的 Hurst-L 和 Hurst-W 都比第一类要高。这些场馆主要是一些中等规模以及占地较小的场馆。

下面是部分热门场馆的简介。

(1)中国馆 C4。

展馆建筑外观以"东方之冠,鼎盛中华,天下粮仓,富庶百姓"的构思主题,表达中国文化的精神与气质。展馆的展示以"寻觅"为主线,带领参观者行走在"东方足迹"、"寻觅之旅"、"低碳行动"三个展区,在"寻觅"中发现并感悟"城市发展中的中华智慧"。

(2)瑞士馆 C2。

展馆由底层展厅营造的都市空间和馆顶的自然空间组成。观光缆车往返其间,给人以在城市和乡村之间悠游的身临其境的美好感受。整个建筑充分体现了城市和乡村相互依存、互惠共生的关系,强调人类、自然与科技的完美平衡。

(3)法国馆 C4。

展馆被一种新型混凝土材料制成的线网包裹,仿佛漂浮于地面上的"白色宫殿",尽显未来色彩和水韵之美。馆内,美食带来的味觉、庭院带来的视觉、清水带来的触觉、香水带来的嗅觉以及老电影片段带来的听觉等感性元素,将带领参观者体验法国的感性与魅力。

(4)德国馆 C4。

开放状的建筑外形轻盈而飘逸,似乎在向参观者发出真挚的邀请。"严思"、"燕燕"两位特殊的虚拟讲解员,将陪伴每一位参观者穿行于各个展馆。穿越了一条充满典型德国都市画面的"动感隧道"后,参观者便会踏入"和谐都市"内设计布置奇妙的体验空间。

(5)西班牙馆 C2。

展馆是一座复古而创新的"藤条篮子"建筑,外墙由藤条装饰,通过钢结构支架来支撑,呈现波浪起伏的流线型。阳光可透过藤条缝隙,洒落在展馆内部。展馆内设"起源"、"城市"、"孩子"三大展示空间。

(6)日本馆 C4。

展馆爱称"紫蚕岛",馆外覆盖超轻的发电膜,采用特殊环境技术,是一幢"像生命体那样会呼吸、对环境友好的建筑"。馆内通过实景再现和影像技术,展现2020 年的未来城市生活,介绍日中两国的文化渊源、与自然共生的日本人生活、充满活力和时尚的日本当代城市、为解决水资源和地球环境问题而开发的先进技术。

(7)意大利馆 C2。

展馆设计灵感来自上海的传统游戏"游戏棒",由 20 个不规则、可自由组装的功能模块组合而成,代表意大利 20 个大区。整座展馆犹如一座微型意大利城市,充满弄堂、庭院、小径、广场等意大利传统城市元素。

(8)沙特馆 C4。

展馆形似一艘高悬于空中的"月亮船",在地面和屋顶栽种枣椰树,形成一个树影婆娑、沙漠风情浓郁的空中花园。馆内介绍沙特阿拉伯地理、人口、历史、政治等内容,重点展示四种类型的城市:能源之城、绿之城、文化古城、新经济之城,揭示水、石油和知识是沙特城市发展的安身立命之本。

(9)英国馆 C2。

英国馆的设计是一个没有屋顶的开放式公园,展区核心"种子圣殿"外部生长有六万余根向各个方向伸展的触须。白天,触须会像光纤那样传导光线来提供内部照明,营造出现代感和震撼力兼具的空间;夜间,触须内置的光源可照亮整个建筑,使其光彩夺目。

(10)韩国馆 C2。

展馆外立面以立体化的韩文和五彩像素画装饰,以"沟通与融合"为元素,展现韩国风情。一层是按比例缩小的韩国首尔,通过影像展现"我的城市";二层展示"我的生活",用高科技手段演绎文化、科技、人性和自然;"我的梦想"展区展示未来技术,并预展 2012 年丽水世博会的美妙画卷。

(11)美国馆 C2。

展馆外观宛如一只展开双翅的雄鹰,欢迎远道而来的客人。展馆是未来美国城市的缩影,包括清洁能源、绿色空间和屋顶花园等元素,通过多维模式和高科技手段,引领参观者在四个独特的展示空间踏上一段虚拟的美国之旅,讲述坚持不懈地创新以及社区建设的故事。

参 考 文 献

陈静,康玉湛.2015.上海踩踏事故目击者:广场进入和退出人流对冲.中国新闻网[2015-1-1].

李倩倩.2011.基于"三度"法的网络舆论理论与实践研究[博士学位论文].北京:中国科学院研究生院.

梁继凯.2010.上海世博会园区管理和服务调查.统计科学与实践,(8):10-11.

吴忠.2006.上海世博会风险研究.上海企业,(7):39-42.

张青松,刘金兰,赵国敏.2009.大型公共场所人群拥挤踩踏事故机理初探.自然灾害学报,18(6):81-86.

周琳,叶健,吴振东,等.2015.上海外滩踩踏事件伤亡重大透视深刻教训.http://news.xinhuanet.com/2015-01/21/c_1114080642.htm[2015-1-21].

Gu J F, Xu S Y, Fang Y, et al. 2013. Three aspects on solving queuing service system in Shanghai world expo. Journal of Systems Science and Systems Engineering, 22(3):340—361.

Li Q Q, Gu J F. 2016. World Expo 2010 pavilions clustering analysis based on self-organizing map. Journal of Systems Science and Complexity, 29(4):1089—1099.

Jiang J, Cheng C. 2011. The study of tourist satisfaction based on queuing theory. http://www.seiofbluemountain.com/upload/product/200911/2008scyxhy03a6.pdf[2011-7-4].

Maister D H. 1985. The psychology of waiting lines//Czepiel J, Solomon M R, Suprenant C D C. The Service Encounter. Lexington:Heath and Company.

Shi K, Dai W T, Song Z L, et al. 2010. Preliminary exploration of Shanghai Expo social collective behavior in hybrid network//IEEE 2nd Symposium on Web Society, Beijing.

Wang B, Yan H Y. 2010. Study on peak visitor control of World Expo Shanghai//The 7th IEEE International Conference on Service Systems and Service Management, Tokyo.

第三篇 与排队行为感知有关的信息技术

973计划"混合网络下社会集群行为感知与规律研究"项目的集群行为是在一批先进信息网络技术支持下进行的研究,由于采用多种网络,有视频监控网络、手机网和互联网等,因此称为混合网络下群体行为信息感知。混合网络下社会集群行为是个体-群体、竞争-合作的辩证统一。混合网络也是社会行动者之住所,给不同的社会集群提供了集聚、竞争与合作的开放新空间,各种社会群体都可在网络空间找到自己的社会基础。各种新奇的、社会关注的草根话题,以新闻跟帖、网络论坛、博客、播客、电子邮件、即时通信群、移动电话短信、社交网等网络新媒体为载体,经网络这个倍增器放大,由虚拟系统与现实社会不断交互强化,快速从某一网站传播到多个网站,从各种网络媒介跨越到报纸、电视等传统媒介,演化成混合网络下社会集群,其波及的深度广度通常远超过传统意义上的排队现实集群行为。网上看到的信息既是现实的真实反映,也是未来可能出现的虚拟现实。这种虚实结合下集群行为的普遍性、广泛性、多样性是网络社会的发展趋势。社会集群在其混合网络传播链中留下各种具有相关性与互补性的数字轨迹,形成记录集群行为的大数据。基于大数据分析,剖析网络集群的竞争与合作机理及其行为的自组织特性、信息的跨媒体特性是一个重要的基础科学课题。本篇主要介绍在不同混合网络信息技术下,如何对社会集群行为中有关排队行为做出深入分析。这是在信息技术帮助下对排队现象研究的一个崭新而有意义的探索。探索一条虚实结合、线上线下结合、实体排队和排队者心理行为相结合的道路,也是此973计划项目信息科学、心理科学、运筹学和系统科学大协同的研究结果。

第7章主要介绍视频监控网络下实在的排队群体行为的信息感知。利用由上海世博会信息部实际掌控的视频监控网络收集到的各种实体数据进行研究。这些数据数量庞大,形式模态多样,存储方式也不一,特别是有些视频中排队和自由行进的路人处在行进状态,且相互遮盖,还有的是从多个镜头拍摄而来的,这给分析和合成数据带来极大的困难。此外,考虑到行人的隐私性,组织方不能无顾虑地去跟踪拍摄,追问每个行人真实去向,因此只能就已有复杂矢量数据加上适当的图像视频分析技术,再结合数学建模优化技术去分析人群排队行为轨迹,并给出一些比较可靠和相对精确的数据,这里的工作量庞大、繁杂而细致,主要内容由第一和第六项目组提供。

第 8 章以 2010 年上海世博会志愿者服务行为管理为应用背景,围绕及时高效地对园区志愿者进行服务评测,全面介绍上海世博会园区志愿者工作手机测评信息平台及服务。该信息平台基于手机网进行电子问卷答案回收,基于 Web 服务进行数据分析,在整体架构、实现过程和系统功能方面充分考虑了志愿者评测的实际应用需求。该信息服务平台在整个世博期间运转良好,所积累的实际数据和经验积累为今后大型活动中志愿者信息化管理提供了新的思路和有益的参考。并且间接为世博组织者通过与志愿者信息沟通来控制和协调参观者的集群行为。主要内容由第一和第六项目组提供。

第 9 章针对混合网络中互联网收集到的社会上对世博会各种反应进行研究,希望从网上信息中人们对上海世博会的兴趣、查询、厌恶等态度来判断人们的实体行为,去或不去参观上海世博会。此章将集中介绍从网络行为来预测实际到达世博会的人数。利用网上信息来预测消费者行为已经是当前网络工作者十分关注的事,然而应用先进的预测技术同样是需要研究的,此章除了应用一般的统计预测技术,还应用了系统科学中的 Hurst 指数,使预测精度有很大的改进。第 9 章主要内容由第六项目组中国科学院大学部分研究人员提供。

第 10 章针对混合网络中互联网收集到的在微博上人们对世博会各种反应进行研究,可以看到各种人群的思想行为反应,从中可以判断世博会有关参观者参访一些展馆的集群行为以及组织与管理的总体行为。网络所形成的特大数据使人们无从下手,这里特别选择了新浪微博,而且只是有关上海世博会的数据。其实这个数据集也是一个大数据,从 2009 年 9 月以来一直到 2012 年 12 月,每天数据都要收集入库,提取了微博数量约六亿四千万条,最后找到与世博关键词有关的微博共 54623 条。还运用了新浪提供的一个分布式的爬虫程序。最后对参观者与参展馆之间的轨迹进行分析。第 10 章内容主要由第二项目组华东师范大学提供。

第 7 章　视频监控网络下群体信息感知

7.1　视频监控网络下群体信息感知系统

7.1.1　复杂场景密集人群行为分析

随着大型活动日益增多,人群行为分析越来越重要。同时,随着通过视频监控系统收集数据的能力日益增强,人们的分析能力也会增强,但是由于人们看到的场景非常复杂,数据量大且模态多样,从多模态海量数据中提取有用信息的研究也越来越受到关注。因此,如何从这些异构的多模态数据中分析复杂场景密集人群行为是一个重要的研究课题。复杂场景密集人群行为研究包括人群分布和人数的预测、人群的流动规律分析、人群的轨迹识别和行为分析等问题;可以应用在视频监控系统中,结合视频图像技术和数学建模优化技术,识别分析人群轨迹和检测异常;也可以应用于大型活动的人群管理,对各个活动区域间的人群流向和主流轨迹进行分析后,实施一定的宏观调控,减少游客的等待时间、提升游客的参观满意度等。上海世博会是一场典型的大型群体活动,世博会园区针对各个片区、场馆、广场、公共交通等复杂场景记录了丰富的多模态海量数据,如客流数据、票务数据、交通数据、活动数据等。这些数据以矢量、文本、视频等多个模态的形式存储,通过最直观的方式反映实时信息。重点关注的问题是如何基于上海世博会的多模态数据集进行复杂场景密集人群行为的分析。

上海世博会人群行为数据主要来自视频网数据采集,实时高清视频监控研究平台含有 16 路高清摄像机,覆盖了道路、广场、楼道及室内环境,覆盖了整个世博园区五大片区,共计 3.28km²。采集了约 11000h,总计有 8.3TB 的数据量。涉及超大客流等代表性数据 80 余天。另外还建立了用于算法比较研究的公开图像/视频数据库、TRECVID 数百小时的典型事件的标注数据集和 PASCAL VOC 数十万张分类图像数据集(宋利等,2013)。

基于多模态数据的人群行为分析常用方法包括客流分布的数值预测方法,计算机视觉中基于特征提取和事件检测的轨迹识别和跟踪,基于模式分析和图聚类的移动技术等。人群行为分析尚存在很多难点,如多数据类型,复杂场景下的人群行为分析、多个摄像头的人群行为分析、实时监测问题等。视频监控系统观测视角具有局限性,很难实现多摄像头的人群轨迹跟踪;另外由于移动跟踪技术数据收集的隐私性,不适合直接根据人群数据追踪人群轨迹。主要研究工作有两点:一是基于矢量数据和数值预测的客流分布预测,二是针对简单的视频监控系统和复杂的大型活动等不同场景下的人群行为分析,建立图像视频分析技术和数学建模优化技术的结合,分析人群轨迹和行为。

第一,提出了客流分布的数值预测方法。结合聚类思想和广义回归神经网络对客流分布进行预测。根据一些聚类方法将历史数据样本分成不同的类,并针对不同类训练得到相应的神经网络。另外,利用转移概率矩阵方法,对下一时刻的客流分布进行预测。通过最小化历史数据的预测误差平方和,估测当前相邻采样时刻、不同空间位置节点间的转移概率矩阵。利用前一时刻的客流分布该空间转移矩阵预测下一时刻的客流分布。该方法在上海世博会的片区和场馆客流数据上进行了验证。试验结果证明,基于聚类思想的广义回归神经网络预测方法提高了预测准确性,又通过减少样本数节约了时间成本;转移概率矩阵预测模型能够很好地反映相邻时刻不同地理空间区域间的人群转移行为和偏好。

第二,提出了基于视频监控系统的人群行为分析框架。抽取视频中的一些帧,并将视频图像中的场景划分成不同的区域,利用视频图像处理技术,对视频中的人群进行目标检测和人数统计,建立一个基于摄像头传感器网络的人数时间序列。然后根据地理空间、移动速度、传感器网络的观测数据等设立约束条件,将轨迹跟踪问题转化为标准的整数规划建模问题,分析密集人群行为。该方法在上海世博会的视频监控数据上进行了验证。试验结果证明,将图像处理技术和基于整数规划的多目标轨迹识别技术相结合,可以很好地分析视频监控系统下的人群行为。

第三,提出了基于整数规划的大型活动人群行为分析方法,包括数据收集和预处理、建立传感器网络拓扑模型、是否指定对人群进行预先分组、整数规划的轨迹识别问题建模、混合整数规划求解器求解、客流参观行为分析等主要步骤。该方法在上海世博会的片区客流移动数据上进行了验证。试验结果表明,基于整数规划的大型活动人群行为分析方法,在分析复杂场景密集人群行为时具有很好的效果;并且不同日期、不同时段的客流参观模式具有不同的规律(杨小康等,2015)。

7.1.2　客流分布预测

1. 神经网络与聚类的组合预测

为了更好地预测客流问题,首先通过聚类思想和相似性分析方法,选出一致性比较高的样本,分成不同的类。再对每一类中的样本分别训练神经网络。将待预测客流分布这一天的已知数据,先通过相似性分析找到所属的类别,再代入已经训练好的神经网络来预测。这种通过相似性分类(或聚类)后再训练神经网络的方法,不但可以减少训练网络时所用的样本、减少时间、提高效率,而且每类神经网络中的数据一致性比较高,可以提高预测的准确率。以可口可乐馆为例,比较了基于相似性分析(或聚类)的广义回归神经网络(general regression neural network, GRNN)预测模型和其他预测模型的性能。在图 7.1 中,x 轴代表一天中的 13 个采样时刻,8 月 16 日最开始的 5 个采样点为已知数据;y 轴代表关于每小时的进入速率比上最大进入速率的真实值和预测值。表 7.1 列举了 8 月份某些天利用不同预测方法得到的预测误差,一般情况下基于相似性分析(或聚类)的 GRNN 预测结果性能最好,预测误差小。

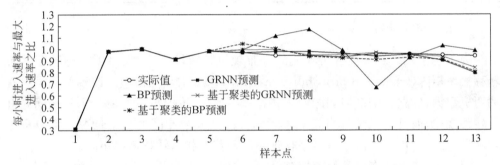

图 7.1　不同预测方法的结果对比

表 7.1　不同预测方法的预测误差对比

日期	方法	相对预测误差
	GRNN	0.059
	BP	0.152
8 月 11 日	基于聚类的 GRNN	0.036
	基于聚类的 BP	0.043
	GRNN	0.045
	BP	0.124
8 月 16 日	基于聚类的 GRNN	0.033
	基于聚类的 BP	0.057
	GRNN	0.075
	BP	0.123
8 月 22 日	基于聚类的 GRNN	0.047
	基于聚类的 BP	0.065

日期	方法	相对预测误差
8月28日	GRNN	0.068
	BP	0.097
	基于聚类的 GRNN	0.035
	基于聚类的 BP	0.084
8月份10天的平均值	GRNN	0.072302
	BP	0.144175
	基于聚类的 GRNN	0.041610
	基于聚类的 BP	0.055952

2. 转移概率矩阵预测

为了基于统计意义上分析客流的分布规律和转移模式,提出了一种基于状态转移概率矩阵(transition probability matrix,TPM)的预测模型。该模型根据已有的历史数据,建立各个区域间的状态转移概率矩阵,不但可以反映各个片区间人群的转移规律,而且可以预测当天未来时刻人群在各个片区的流动情况。可以根据预测误差建立目标方程,通过最小化预测误差获取状态转移概率矩阵。

第一步:建立状态转移概率矩阵。

从采样时刻 t_i 到 t_{i+1} 的状态转移概率矩阵可以表示成如式(7.1)所示的矩阵 $\boldsymbol{P}_{t_i}$:

$$\boldsymbol{P}_{t_i} = \begin{bmatrix} p_{11,t_i} & p_{12,t_i} & p_{13,t_i} & p_{14,t_i} & p_{15,t_i} \\ p_{21,t_i} & p_{22,t_i} & p_{23,t_i} & p_{24,t_i} & p_{25,t_i} \\ p_{31,t_i} & p_{32,t_i} & p_{33,t_i} & p_{34,t_i} & p_{35,t_i} \\ p_{41,t_i} & p_{42,t_i} & p_{43,t_i} & p_{44,t_i} & p_{45,t_i} \\ p_{51,t_i} & p_{52,t_i} & p_{53,t_i} & p_{54,t_i} & p_{55,t_i} \end{bmatrix} \tag{7.1}$$

式中, p_{ij,t_i} 代表在采样时刻 t_i 由 i 片区到 j 片区的客流转移概率。由于状态转移概率矩阵自身的特性, $\boldsymbol{P}_{t_i}$ 要满足下面的条件。

(1)等式约束。矩阵 $\boldsymbol{P}_{t_i}$ 中每一列元素的和等于1,如下所示:

$$\sum_{k=1}^{5} p_{lk,t_i} = 1, \quad l = 1, 2, \cdots, 5 \tag{7.2}$$

(2)不等式约束。 p_{ij,t_i} 作为片区间的客流转移概率,应满足式(7.3)中的不等式约束:

$$0 \leqslant p_{ij,t_i} \leqslant 1, \quad i, j = 1, 2, \cdots, 5 \tag{7.3}$$

定义 $y_{k,t_i}^{(j)}$ 为采样时刻 t_i 每个片区的客流数, $k = \{1,2,3,4,5\}$ 代表片区的序号,即分别对应 A、B、C、D、E 五个片区; $j = \{1,2,\cdots,n\}$ 对应 n 个样本天数的序号。

因此，$Y_{t_i}^{(j)} = \{y_{1,t_i}^{(j)}, y_{2,t_i}^{(j)}, y_{3,t_i}^{(j)}, y_{4,t_i}^{(j)}, y_{5,t_i}^{(j)}\}$ 代表第 j 天的采样时刻 t_i，5 个片区的客流分布情况。

第二步：估计状态转移概率矩阵。

假设已经知道上海世博会五个片区两个相邻时刻的客流分布，在满足式（7.2）和式（7.3）约束的情况下，通过建立预测误差函数，利用最优化的方法解得最优的状态转移概率矩阵。相邻时刻间的预测误差函数如下式所示：

$$\hat{\boldsymbol{P}}_{t_i} = \arg\min \sum_{j=1}^{n} \| Y_{t_{i+1}}^{(j)} - Y_{t_i}^{(j)} \boldsymbol{P}_{t_i} \|_2^2 \tag{7.4}$$

式中，$Y_{t_i}^{(j)}$ 和 $Y_{t_{i+1}}^{(j)}$ 对应相邻两个时刻的客流分布；$\boldsymbol{P}_{t_i}$ 是状态转移概率矩阵；$Y_{t_{i+1}}^{(j)} - Y_{t_i}^{(j)} \boldsymbol{P}_{t_i}$ 代表预测误差；$\| \cdot \|_2^2$ 对应 l_2 范式；$\hat{\boldsymbol{P}}_{t_i}$ 为最优的状态转移概率矩阵。

第三步：基于状态转移概率矩阵的客流分布预测。

$\hat{Y}_{t_{i+1}}^{(j)}$ 代表第 j 个片区 t_{i+1} 时刻客流量的预测值，可以通过前一个时刻的客流分布 $Y_{t_i}^{(j)}$ 以及估计的状态转移概率矩阵 $\hat{\boldsymbol{P}}_{t_i}$ 得到，如下所示：

$$\hat{Y}_{t_{i+1}}^{(j)} = Y_{t_i}^{(j)} \hat{\boldsymbol{P}}_{t_i} \tag{7.5}$$

状态转移概率矩阵可以反映人群流动的趋势。矩阵中的每个元素越大，代表由一个区域到另一个区域的转移概率越大，转移行为发生得越频繁，代表由一个区域到另一个区域的人群流动趋势越大。另外，转移概率矩阵也可以反映出每个区域下一时刻的人数都主要由其他哪些区域的人数贡献而成，由此反映出人群的空间流动规律。

采用 2010 年上海世博会的客流分布数据来对比基于状态转移概率矩阵和基于 GRNN 的方法在预测客流分布规律方面的准确度。上海世博会的数据包括 2010 年 5 月 1 日～2010 年 10 月 31 日共 184 个样本天数。每一天中，记录了 9：00～23：00 中 168 个采样时刻的客流分布。因为相邻日期的客流分布有很强的相似性，当天的客流分布可以用过去几天的统计数据进行预测。

在基于状态转移概率矩阵的预测方法中，通过获得状态转移概率矩阵 $\hat{\boldsymbol{P}}_{t_i}$，可以同时预测五个片区的客流分布。而 $\hat{\boldsymbol{P}}_{t_i}$ 中的转移概率 p_{ij,t_i} 则直观地反映了客流在园区间的转移行为。以预测 7 月 21 日客流分布为例，利用 7 月 18 日～7 月 20 日（$n=3$）的客流分布数据作为训练样本，从 10：00 开始，估计全天每个采样时刻的最优状态转移概率矩阵。为了避免误差传递，7 月 21 日当前时刻的客流分布用 7 月 18 日～7 月 20 日相同时刻客流分布的均值来近似，从而预测得到 7 月 21 日整天的客流分布。

相比基于状态转移概率矩阵的预测方法，基于 GRNN 的预测方法无法同时考虑五个片区间的相互联系，只可以预测单片区的客流分布。因为针对每个片区建立的神经网络无法反映出世博会不同片区间的客流转移规律。在基于 GRNN 的预测方法所建立的神经网络中,存在 4 层机构,包括输入层、模式层、求和层和输出层。例如,对于 7 月份和 8 月份的数据,选择 3 个相邻日期所有采样时刻对应的客流分布数据作为训练数据。人数随时间的变化曲线可以找到一个拐点,此拐点出现的位置与当日的客流总数预测有着很密切的关系。因此,一天的世博会客流人数随着时间的变化趋势中,开始的一段很大程度上决定了当天的园区客流总数,所以可以暂时选择一天中开始的 12 个采样时刻。输入层包括 12 个神经元代表最开始 12 个采样点的客流人数,可以反映在一个单独的采样天内客流的变化趋势,输出层包括 156 个神经元代表待预测天接下来的客流时间序列。

　　结果对比和总结。图 7.2、图 7.3 和表 7.2 对比了基于 TPM 预测和基于 GRNN 预测的效果。在图 7.2 中,x 轴代表 168 个样本天数中 168 个采样点,7 月 21 日最开始的 12 个采样点数据是已知的;y 轴代表客流分布的实际值和预测值。由图 7.2 可以看出,两种方法对于 E 片区的预测结果都很好,然而当预测 A、B、C、D 四个片区时,基于 TPM 的预测方法效果比基于 GRNN 的更好。图 7.3 以 10 月 16 日为例,对比了两种方法的性能。世博会尾期的客流吸引策略,导致 10 月 16 日单天的客流数达到了上百万。图 7.2 表明,基于 TPM 的客流预测效果明显好于基于 GRNN 的预测方法,对于全部五个片区的预测。为了对比两种方法性能,考虑相对预测误差如式(7.6)所示,表 7.2 对比了两种方法的相对预测误差均值。

$$\Delta = \frac{|\hat{Y}_{t_i} - Y_{t_i}|}{Y_{t_i}} \tag{7.6}$$

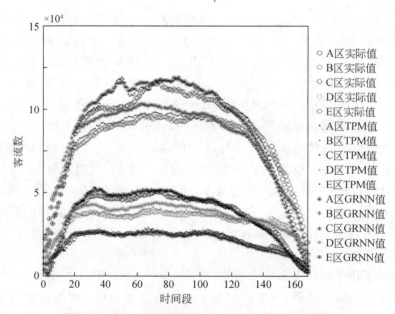

图 7.2　对比 TPM 预测和 GRNN 预测结果(7 月份)

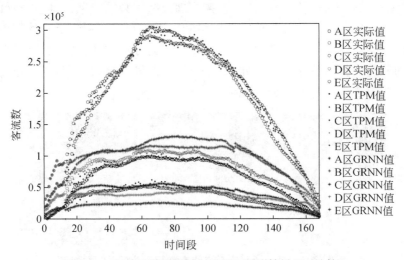

图 7.3 对比 TPM 预测和 GRNN 预测结果（10 月份）

表 7.2 对比 TPM 预测和 GRNN 预测误差结果

相对预测平均误差	A 片区		B 片区		C 片区	
	TPM	GRNN	TPM	GRNN	TPM	GRNN
7 月	0.055	0.076	0.023	0.086	0.026	0.091
8 月	0.051	0.105	0.021	0.126	0.024	0.152

相对预测平均误差	D 片区		E 片区	
	TPM	GRNN	TPM	GRNN
7 月	0.036	0.070	0.059	0.078
8 月	0.034	0.105	0.056	0.078

以世博会的片区客流分布预测为例，图 7.2 和图 7.3 分别在 7 月 21 日和 10 月 16 日世博会的片区客流分布数据上进行 TPM 预测和 GRNN 预测并且比较了两种方法的预测效果；表 7.2 显示了 7、8 月份整体的预测效果。试验结果说明，相比基于 GRNN 的预测算法，基于 TPM 的预测算法能够更准确地反映客流在相邻时刻的空间区域流动行为，并且具有一定的实际含义。所以研究在预测具有地理空间信息、相邻时刻的客流流动转移短时规律时，采用转移概率矩阵模型预测为好，预测方法也可以采用聚类思想筛选样本。

7.2 基于视频监控系统的人群行为分析系统框架

基于视频监控系统的人群行为分析系统框架如图 7.4 所示，主要包括视频处理、轨迹识别和行为分析三个部分。视频处理包括视频帧的采样抽取、空间区域的划分、人的检测和计数、摄像头传感器网络的建立。轨迹识别包括传感器网络数据与轨迹行为间的模型建立和整数规划的求解；行为分析主要包括轨迹的统计、轨迹的融合和轨迹的相似性匹配。在此，重点介绍如何利用整数规划，进行基于传感器网络数据的轨迹识别和行为分析建模。

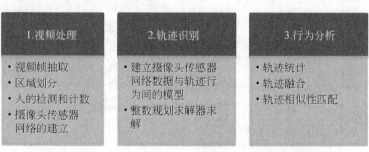

图 7.4　对视频监控系统的人群行为分析系统框架

　　假设已通过视频图像处理技术得到了摄像头传感器网络内的人数数据。为了定义基于整数规划的轨迹识别问题，先做些简化和假设。用户的不变性：在滑动时间窗内，始终是这些用户，即总人数不变，任何一个用户个体的轨迹也始终贯穿于这个滑动时间窗内。传感器布置的高密度性：在传感器网络和滑动时间窗内的任何一个用户，都能被传感器检测到，且只被一个传感器检测到，同一时刻不能被多个传感器检测到。

　　观测数据是时间序列集合$\{S_{it}, i=1,2,\cdots,m; t=1,2,\cdots,T\}$，代表传感器网络各个传感器节点中的人数时间序列，代表第 i 个传感器在 t 时刻的采样人数，S_{it} 为非负正整数。目标是恢复另一个关于客流轨迹的数据集$\{P_{tj}, t=1,2,\cdots,T; j=1,2,\cdots n\}$，代表第 j 个用户在采样时刻 t 所出现的传感器检测区域位置。为了在 $\{S_{it}\}$ 和 $\{P_{tj}\}$ 之间建立联系，引入一个二进制变量$\{X_{itj}, i=1,\cdots,m; t=1,\cdots,T; j=1,\cdots,n\}$，该变量表示用户 j 在 t 时刻是否在传感器 i 出现。通过整数规划求解器求得 $\{X_{itj}\}$，$\{X_{itj}\}$ 可以重新写成轨迹序列$\{P_{tj}\}$。

$$\sum_{i=1}^{m} x_{itj} = 1 \tag{7.7}$$

$$\sum_{j=1}^{n} x_{itj} = S_{it} \tag{7.8}$$

$$\forall (i_1, i_2) \in \Omega, \quad x_{itj} + x_{i',t+1,j} \leqslant 1 \quad i_1 \rightarrow i, i_2 \rightarrow i' \tag{7.9}$$

Ω 代表相邻时刻人群不能够直接连通的两个传感器对。式(7.7)表示在传感器和滑动时间窗内的任何一个用户，都能被传感器检测到，且只被一个传感器检测到，式(7.8)确保不同组中目标的总和等于各个传感器在各个时刻各个传感器相应的观测数据;式(7.9)表示针对相邻时刻不能够直接连通的传感器对的约束条件,连通关系与传感器的空间布置、传感器数据的采样间隔和用户的行走速率有关。

图 7.5(a)和图 7.5(b)是在不过分拥挤的情况下,在不同时段计算得到的轨迹。通过采用轨迹融合和相似性匹配的方法来发现常规路径和检测异常。每个多折线代表一个轨迹序列。多数轨迹有比较高的重复性,即同一条轨迹被不同用户在不同时间走过。浅宽粗的直线代表常规路径,多折线越粗代表重复性越高。细折线代表异常轨迹或是较少人会走的轨迹。图 7.5(c)显示了异常行为检测的作用,可以通过分析人群的行走速度找到跑步的行人。图 7.5(d)显示了排队视频中的异常行为检测,例如,排队中向着相反方向行走的人,有别于大多数排队人群的行进方向。

(a)摄像头传感器网络1

(b)摄像头传感器网络2

(c)摄像头传感器网络1异常检测

(d)摄像头传感器网络2异常检测

图 7.5　上海世博会园区视频监控系统上的试验结果

7.3　基于整数规划的大型活动人群行为分析

基于整数规划的大型活动人群行为分析算法框架如图 7.6 所示,主要包括数据收集和预处理、基于整数规划的轨迹识别和估计以及参观模式分析。重点研究了基于整数规划的自动分组轨迹识别和人群的参观模式。

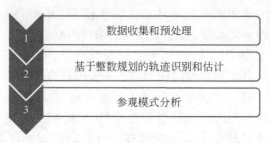

图 7.6 基于整数规划的大型活动人群行为分析算法框架

7.3.1 基于整数规划的自动分组轨迹识别

$\{m_j, j=1, \cdots, n\}$ 代表第 j 组的大小。在人群相对不是特别拥挤的情况下（如 100 人以下），希望可以在满足观测条件的同时尽量最小化组的数目，一个二进制变量 y_j 作为一个指示符号来引入一个整数规划问题。m_j 这时是一个未知的变量，我们的算法可以自动将人群分组、得到每组的人数和轨迹。轨迹识别问题可以写成如下的一个标准的整数规划问题：

$$\min \sum_{j=1}^{n} y_j$$

$$\sum_{i=1}^{m} x_{itj} = y_j \tag{7.10}$$

$$\sum_{i=1}^{n} x_{itj} m_j = S_{it} \tag{7.11}$$

$$\sum_{i=1}^{n} m_j = N \tag{7.12}$$

$$\forall (i_1, i_2) \in \Omega, \quad x_{itj} + x_{i,t+1,j} \leqslant 1 \tag{7.13}$$

$$x_{itj} \geqslant x_{i,t+1,j}, \quad i = \text{entrance} \tag{7.14}$$

$$x_{itj} \leqslant x_{i,t+1,j}, \quad i = \text{exit} \tag{7.15}$$

式(7.10)表示一个组是否存在，如果存在，在一个时刻最多只能占有一个传感器，即最多只能被一个传感器检测。

式(7.11)确保在任何一个时刻，求得的不同组轨迹在通一个传感器的人数的加和等于该传感器在这时的观测总人数。

式(7.12)确保所有组组内人数的加和等于整个传感器网络的总人数。

对于式(7.13)，Ω 是一个集合，这个集合的元素是两两在相邻采样时刻不连通的传感器对，Ω 取决于实际情况，如传感器的布置、采样间隔的选取、人的移动速度。

式(7.14)和式(7.15)确保了针对出入口的特殊约束。每个轨迹最好是从入口进入,由出口离开。换言之,如果一组用户离开入口,就再也不能回到入口;如果一组用户走入出口,就不能够再次离开出口。

7.3.2　参观模式分析

为了分析拥挤情况下的客流模式,可以通过预定义一个放缩因子对成千上万的人数进行处理,这很大程度上减少了计算量,从宏观角度分析人群的大致流向。当然,随着 m_j 不断变小,采用当今技术前沿上最好的整数规划求解器会得到更多数目的估测轨迹,结果也会更精确更细致。

$$\sum_{i=1}^{m} x_{itj} = 1 \tag{7.16}$$

$$\sum_{j=1}^{n} x_{itj} = \frac{S_{it}}{m_j} \tag{7.17}$$

由于传感器的密度适中,式(7.16)确保了任何一组人群在采样时间窗内都始终出现,并且在任意一个时刻被传感器检测,且仅被一个传感器检测到。式(7.17)确保在一个传感器不同人的总和等于观测数据,成千上万个人以放缩因子 m_j 为单位进行放缩,粗略地从统计的角度估计人群的流动情况。算法存在一定的局限性。如果在传感器网络中相邻采样时刻存在太多组可以直接相连的传感器对,会导致轨迹解经常不唯一。然而,本书关注的是人群行为分析,因此,一个可行解轨迹就可以从某种程度上很好地反映出世博会园区中人群的大致移动规律和参观行为模式,不必求出问题的所有解。

在上海世博会片区客流的真实数据上验证了我们的算法。在 6 月 1 日和 6 月 23 日的片区客流分布如图 7.7(a)和(b)所示,其中 x 轴代表一天中的从 9 时到 24 时的时刻,采样间隔为 5min,即每 5min 通过手机系统记录一次各个片区的总人数;y 轴代表每个片区的客流分布比例,即在每个片区的总人数除以五个片区的人数总和。

在图 7.7(a)和(b)中,一天中的大多数时刻中,每个片区所占的客流比例都相对比较稳定,除了在早上和晚上波动比较大,在白天更多的客流更愿意去 B、C 片区,胜过 A、D、E 片区,因为相比于浦西片区的企业馆,游客对浦东片区的国家馆更感兴趣;国家馆,如 A 片区的中国馆、沙特馆和日本馆,C 片区的德国馆、美国馆和瑞士馆等,A 片区和 C 片区的人数在晚上相比于其他场馆下降得更厉害,是因为 A 片区和 C 片区的很多热门场馆相对其他关门更早。

在图 7.8(a)中,在大多数时候参观 D 片区的比例比参观 E 片区的略少一些;相比较而言,在图 7.8(b)中参观 D 片区的比例比参观 E 片区的比例大得多,并且在多数情况下和 A 片区所占的比例更接近;结果表明在 6 月 23 日相比于 6 月 1 日 D 片区更受欢迎了,参观人数比例有明显提高,原因是 D 片区中的石油馆、可口可

乐馆等已经开始采取了一些吸引游客的策略,并且这些策略在一些天确实起到了
吸引客流人群的效果。

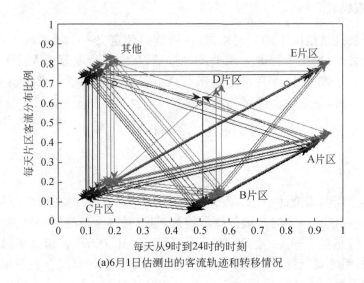

(a)6月1日估测出的客流轨迹和转移情况

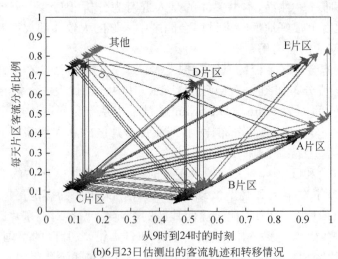

(b)6月23日估测出的客流轨迹和转移情况

图 7.7　上海世博会片区客流参观模式对比(6 月 1 日和 6 月 23 日)

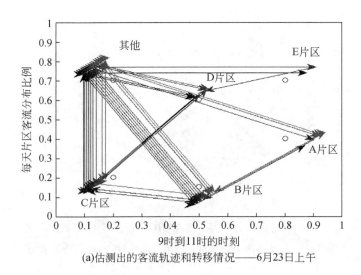

(a)估测出的客流轨迹和转移情况——6月23日上午

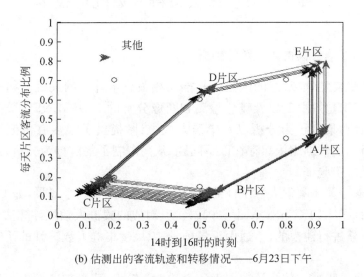

(b) 估测出的客流轨迹和转移情况——6月23日下午

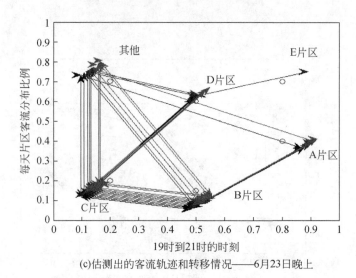

(c)估测出的客流轨迹和转移情况——6月23日晚上

图7.8　上海世博会片区同一天中不同时段的客流参观模式

7.4　上海世博会集群人数统计技术

7.4.1　上海世博会集群人数统计数据库

在计算机视觉领域,好的数据库是推动相关技术进步的关键。如视频检索领域的 TRECVID 数据库,以及概念检测和图像分类的 IMAGENET 数据库。近年来,研究者针对集群行为分析以及集群人数统计,提出了很多有价值的标准数据库。不过目前的数据库依然存在以下问题,从而限制了集群行为分析、集群人数统计研究以及方法验证。

(1)大部分关于集群人数统计的数据库,仅包含一或两个场景,如 UCSD(Chan et al.,2008)、MALL(Chen et al.,2012)。其对应的集群人数统计算法也是针对单一摄像头场景进行建模的,不适用于多场景、大尺度集群人数统计的研究以及实际应用。

(2)已有的集群人数统计数据库包含的人数较少,感兴趣区域里一般包括10～50 人,无法评估集群密度较密情况下集群人数统计算法的效果,更无法为大尺度集群人数统计提供训练数据。虽然极端密集人群数据集(Idress et al.,2013)中的集群密度极高,但仅包含 50 张从 Flickr 网站中下载的图片,不适用于实际的监控视频。另外,由于密度过高,很难确定图片中的真实人数,同样也不利于实际的集群人数统计模型的训练。

（3）绝大部分集群人数统计数据库，仅包含摄像头下的总人数信息，然而在集群场景下，人群的具体分布提供了更多的信息。这些人群分布信息更有助于对集群场景进行分析，提高人群人数统计的预计效果。

针对以上问题，为大尺度集群人数预计提供训练数据以及验证平台，整理了世博会大尺度集群人数统计数据库，其中包含 51 个不同场景下的 544 段监控视频，每段监控视频的长度为 1min。对每个场景都标注了感兴趣区域，在感兴趣区域内对人头进行标注。每个感兴趣区域内的人数在 10～250 人不等，即包含不同密度环境下的人群。与此同时，从每段视频中均匀挑选 3 帧进行人数标注，一共标注了 1632 帧，共 68964 人。标注例子如图 7.9 所示。图中圆圈标注为集群中每个人的人头位置信息。同时为了做景深归一化操作，根据监控视频的不同景深，标注用黑色方框标注出两个人。在新的数据库上，之前针对单一场景的人数预测方法都无法达到很好的效果。

图 7.9　世博人群统计数据库的例子

7.4.2　集群人数统计的方法概述

集群人数统计存在以下难点：①由于集群内人群遮挡情况严重，如图 7.10 所示，一般的行人检测以及关键点跟踪算法无法有效处理集群场景；②目前的集群分析一般基于人群的运动信息，然而实际集群场景下存在很多静态人群，这对目前的集群分析方法，包括前景提取、人群分割等基本算法提出了更高的要求；③人群纹理的特征描述是影响人群统计方法的关键，尤其是当无法完全分割出人群以及背景时，寻找一种有效分别人群纹理以及背景纹理的特征更加关键。

(a) KLT关键点跟踪算法结果(Shi et al., 1994)　　　(b) DPM行人检测的结果(Felzenswalb et al., 2010)

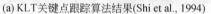
图 7.10　集群人数统计

目前集群下人数统计的检测目标主要有两种,分别是兴趣区域(region of interest,ROI)人数预测以及兴趣线(line of interest,LOI),即虚拟门(virtual gate)预测。根据检测目标的不同,方法也不相同。

1. ROI 人数预测方法

由于集群场景下人与人遮挡严重,行人检测的方法很难实际应用于集群场景的人数统计中,不过依旧有少量文章研究过通过检测方法对集群人数进行估计(Ge et al.,2009;Rodriguez et al.,2011)。目前主流的人数统计方法是基于视频的纹理特征通过回归的方法来进行预测。这种特征加回归的方法根据回归目标的不同也可以分为两类,为对感兴趣区域内整体人数的回归,以及对密度图的回归。

1)通过视觉特征对感兴趣区域内整体人数的回归

首先提出了基于监控视频前景的纹理特征通过回归算法对集群人数进行估计的思路。其中的关键技术点有两点,一为描述集群状态的特征提取,二为对特征进行回归学习模型的选择,算法框架如图 7.11 所示。

特征提取包括如下几种。①前景(foreground)分割特征。基于集群场景的前景分割得到最近的描述子,其中常用的包括面积、周长、周长面积比、周长边缘方向、前景团(blob)的个数信息等。②边缘(edge)特征。这也是分析集群前景人数的基本特征,如低密度人群的边缘就相对系数、高密度人群的比较就相对复杂。一般采用 canny 算子提取边缘,然后统计边缘像素数量、边缘方向直方图、Minkowski 分型等作为边缘特征。③纹理(texture)和梯度特征。集群前景的纹理特性更适合描述集群的密度。其中常用的特征包括 LBP(local binary pattern)、HOG(histogram of oriented gradient)、GLCM(gray-level co-occurrence matrix)、GOCM(gradient orientation co-occurrence matrix)。

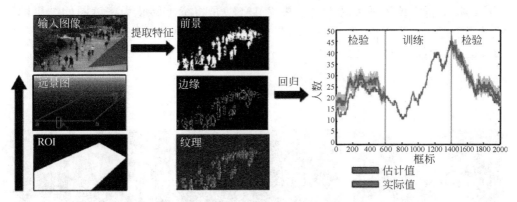

图 7.11　通过视觉特征对感兴趣区域内整体人数回归的算法流程图

与此同时,也有多种回归模型应用在集群人数统计中,如线性岭回归(linear ridge regression,LRR)、偏最小二乘回归(partial squares regression,PLSR)、基于核变换的岭回归(kernel ridge regression,KRR)、支撑向量回归(support vector regression,SVR)、高斯过程回归(Gaussian processes regression,GPR)以及随机森林回归(random forest regression,RFR)等

Loy 等(2013)对不同的特征以及不同的回归模型在 UCSD 以及 Mall 数据库上进行了对比试验,结果如图 7.12 所示。由图可知,特征上,几种特征的融合效果相对鲁棒;回归模型上,除了线性岭回归模型表现较差,其他非线性的回归模型表现相似,差别不大。

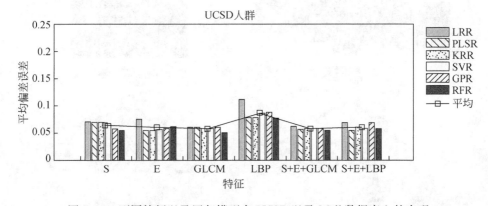

图 7.12　不同特征以及回归模型在 UCSD 以及 Mall 数据库上的表现

2)通过视觉特征回归感兴趣区域内密度分布

Lempitsky 等(2010)首次提出通过视觉特征回归密度分布图的方法统计集群人数,如图 7.13 所示。其中图 7.13(a)是世博集群人数统计数据库中一张已手工

标注的每个行人位置的原始图片。图 7.13(b)是将标准转化为密度图的结果图，即以每个标注点为中心，叠加一个高斯核函数，形成密度图，作为回归模型的目标，如式(7.18)所示。图 7.13(c)为 Fiaschi 等(2012)提供方法的试验结果图。

$$F_i^0(x) = \sum_{\mu \in A_i} N(x; \mu, \sigma) \tag{7.18}$$

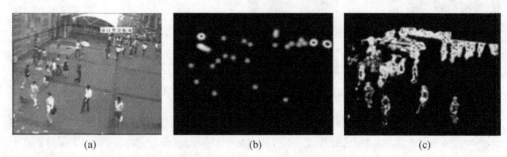

(a)　　　　　　　　　　(b)　　　　　　　　　　(c)

图 7.13　回归视觉特征预测集群密度

跟随 Lempitsky 等的思路，Fiaschi 等利用随机森林回归的方法，将视觉纹理归回到密度分布上，如图 7.14 所示。Arteta 等(2014)提出了一种交互式的人数统计方法，可以通过用户的反馈更新特征和回归模型，实现更好的实际人数统计效果。

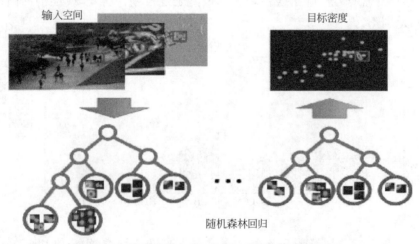

图 7.14　利用随机森林回归法预计任人群密度分布

2. LOI 人数预测方法

LOI 人数统计，即虚拟门人数统计，也是目前研究的热点方向。虚拟门人数统计就是在监控视频中设定一条感兴趣线,统计在一段时间内,穿过这条线的总人数,如图 7.15 所示。传统的方法,如 Lee 等提到的方法(Lee et al.,2007;Kim et al.,2008),采用对感兴趣线附近的光流进行积分的方法预测穿越人数。其中提取鲁棒的光流特征是这类算法的关键。因为在穿越人群速度过快或者速度不稳定的情况下,光流计算往往效果一般,很大程度上影响预测结果。为了能够提取更稳定的光流特征,Lu 等(2010)利用稀疏金字塔光流法,改进了光流提取算法,增强了人数预计的稳定性。Cong 等(2009)考虑了更多的时空信息,以及替代 L2 范数,采用 L1 范数约束,对多帧图像统一优化,可以得到更稳定平滑的光流特征。同时他们提出了动态马赛克(dynamic mosaic)的概念,根据鲁棒的光流场提供的局部速度信息,在感兴趣线上进行切片采样,形成一个行人团(blob),根据团的面积和周长信息,回归出团内的人数。

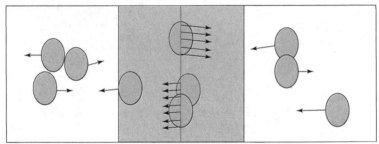

图 7.15　虚拟门人数统计示意图

目前虚拟门的 the-state-of-the-art 方法是由 Ma 等(2013)提出的,其中利用了同样得到归一化的时域切片采样图像,然后提取图像中更复杂的纹理特征,包含分割特征,边缘特征,纹理特征以及 dense hog 特征,利用高斯过程回归方法对切片采样图像的人数进行估计,如图 7.15 所示。

上海世博会园区数据采集如下:

(1)客流数据。

200 多个场馆客流、8 个片区客流、12 个出入口等候客流、10 个重点演艺广场客流、园区各片区当日用餐总人次、上海市出入客流。

(2)票务数据。

出入口实时进出园人数、出入园区客流量统计、个人团队票销售数据、各票种使用情况统计、旅游团队实到情况统计、旅游团队预约入园计划数据。

(3)交通数据。

上海市客流、上海市在途客流、园区公交双向客流、园内码头双向客流、园内地铁 13 号线客流数据。

（4）其他信息。

重点场馆能源情况（用电量）、园区活动信息、天气情况（温度、湿度、风速、风力、风向）。

基于客流预测和自适应仿真的拥挤预警模拟系统包括现场建模模块、测量模块、数据存取模块、客流预测模块、客流自适应仿真模块、拥挤预警模块、实施拥挤预案模块等，支持辅助决策（图 7.16）。

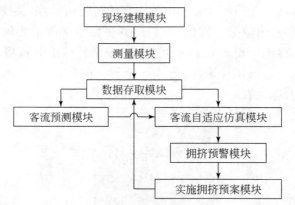

图 7.16　基于客流预测和自适应仿真的拥挤预警模拟系统

参 考 文 献

宋利,时堪. 2013. 信息平台与志愿者管理视角——2010 年世博会排队分析. 上海交通大学,中国科学院大学.

杨小康,解蓉. 2015. 世博会数据研究工作总结. 上海:上海交通大学.

Arteta C, Lempitsky V A, Noble A, et al. 2014. Interactive object counting. Lecture Notes in Computer Science, 8691:504—518.

Chan A B, Vasconcelos N. 2008. Modeling, clustering, and segmentingvideo with mixtures of dynamic textures. IEEE Transactions on Pattern Analysis and Machine Intelligence, 30(5):909—926.

Chen K, Loy C C, Gong S, et al. 2012. Feature mining for localizedcrowd counting//British Machine Vision Conference, Surrey.

Cong Y, Gong H, Zhu S C, et al. 2009. Flow mosaicking: Real-time pedestrian counting without scene-specific learning//IEEE Conference on Computer Vision and Pattern Recognition, Miami.

Felzenswalb P F, Girshick R B, McAllester D, et al. 2010. Object detection with descriminatively trained part based models. IEEE Transactions on Pattern Analysis and Machine Intelligence, 32(9):1—20.

Fiaschi L, Nair R, Koethe H, et al. 2012. Learning to count with regression forest and structured labels//The 21st International Conference on Pattern Recognition, Tsukuba.

Ge W N, Collins R T. 2009. Evaluation of sampling-based pedestrian detection for crowd counting// Twelfth IEEE International Workshop on Performance Evaluation of Tracking and Surveillance, Snowbird.

Idress H, Saleemi I, Shah M. 2013. Multi-source multi-scale countingin extremely dense crowd images//IEEE International Conference on Computer Visionand Pattern Recognition, Portland.

Kim B, Lee G G, Yoon J Y, et al. 2008. A method of counting pedestrians in crowded scenes//International Conference on Intelligent Computing, Shanghai.

Lee G G, Kim B, Kim W Y. 2007. Automatic estimation of pedestrian flow//International Conference on Distributed Smart Cameras, Vienna.

Lempitsky V, Zisserman A. 2010. Learning to count objects in images. Neural Information Processing Systems, 43(3):1591.

Loy C C, Chen K, Gong S, et al. 2013. Crowd counting and profiling: Methodology and evaluation//Ali S, Nishino K, Manocha D, et al. Modeling, Simulation and Visual Analysis of Crowds, New York: Springer: 347—382.

Lu J J, Xu Y, Yang X K. 2010. Counting pedestrians and cars with an improved virtual gate method//International Conference on Computer Application and System Modeling, Taiyuan.

Ma Z, Chan A B. 2013. Crossing the line: Crowd counting by integer programming with local features. Computer Vision and Pattern Recognition, 9(4):2539—2546.

Rodriguez M, Laptev I, Sivic J, et al. 2011. Density-aware person detection and tracking in crowds//IEEE International Conference on Computer Vision, Barcelona.

Shi J B, Tomasi C. 1994. Good features to track//IEEE Conference on Computer Vision and Pattern Recognition, Seattle.

第 8 章　志愿者服务评估与志愿者服务感知的信息系统平台

8.1　志愿者服务与评估

志愿者是上海世博会的一大亮点,以 90 后大学生为主体的世博志愿者惊艳登场,他们的热情、自信与责任意识超出了人们的想象,媒体也毫不吝啬地把"世博一代"的标志赋予 90 后。志愿者服务工作过程表现出的良好精神风貌和优异工作业绩,得到了社会各方的高度认可,为祖国赢得了荣誉。园区平均每天有 5000 多名志愿者,总共有 7 万多名志愿者进行各种服务,服务领域涵盖园区信息咨询、参观者秩序引导协助、接待协助、语言翻译、残障人士援助、媒体服务、活动及论坛组织协助、志愿者管理协助等八大类。如何管理好志愿者群体,对他们的工作状态进行及时了解,并根据现场的各类突发情况进行及时调控,充分发挥其效能,对志愿者管理提出了新的挑战。一个重要的方面是如何及时有效地了解第一线志愿者服务状况并快速做出响应。传统的方法主要通过组织内部工作人员自底向上汇报,然后再由上级部门综合分析后做出决策,因此信息的到达往往比较滞后,并且通过多个环节的转达,信息往往容易失真,对正确决策造成影响。

围绕如何及时有效对园区志愿者进行评测,这届世博会志愿者管理部门首次使用了基于移动手机平台的数据采集和基于 Web 服务器的数据分析系统。基于及时获得的大量数据,通过统计分析、文本信息分析等手段,该信息平台能对志愿者服务过程进行多维度评测,进而为志愿者管理和工作决策提供科学依据。

开发了手机活动采集及问卷调查软件,可获得人的物理/心理活动,包括心理活动,定时回答电子问卷;物理活动,GPS、加速度传感器等信息;社会活动,通话日志、蓝牙交互(宋利等,2013)。

8.2　园区志愿者服务的手机评测系统

手机作为目前应用最广泛的即时通信工具,提供了最方便快捷的信息接入途径。为此,园区志愿者管理部结合世博会志愿者管理部已有的信息化手段,确立了以志愿者手机为信息载体,进行相关数据汇聚和信息分析,支持各级志愿者之间进行工作沟通,并接受指挥中心统一管理;通过将合适的电子问卷嵌入手机终端,管理部门可以方便地完成对志愿者情绪、心理状态、园区环境、服务质量等数据的定期采集(图 8.1);通过在服务器端集成短信网关,支持应急管理中以短信通知的方式对志愿者进行调度指示、服务提示等(图 8.2);进一步,通过对志愿者工作期间的各项反馈信息和服务日志的分析,全面地对志愿者进行工作考核,为大型活动志愿者组织和管理的不断完善提供数据支撑(宋利等,2013)。

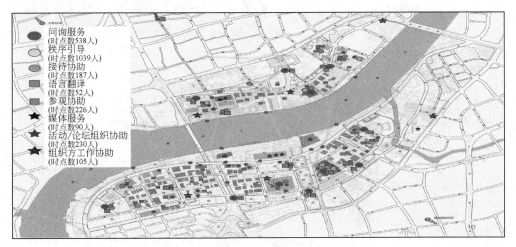

图 8.1　上海世博会志愿者服务的分布图

 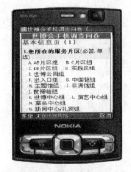 

图 8.2　手机收集各种信息用户界面示意图

　　园区志愿者服务的手机评测方案如图 8.3 所示。管理部门对此方案的基本要求是对志愿者工作状况的实时感知,通过数据的实时反馈,及时分析总结志愿者在岗的各项工作指标,并对志愿者工作期间的服务日志进行分析,更加全面地对志愿者进行工作考核,为志愿者提供个性化的关怀指导,为志愿者组织和管理的不断完善提供数据支撑。为此,需要考虑如何对上海世博会志愿者管理信息系统进行辅助支持。上海世博会志愿者管理信息系统提供了招募管理、培训管理、排班管理、上岗管理、考核管理、统计分析以及系统管理等多项面向志愿者日常管理的功能。手机评测系统需要和该系统的排班管理以及考核管理进行对接。志愿者管理系统可以根据每个服务周期的排班情况,向志愿者发送短信,提醒其下载电子问卷;而手机评测系统则将每个服务轮次的考核评估结果汇总到管理信息系统中。

　　手机评测系统分为三个部分:客户端,服务器和管理端。客户端负责采集志愿者服务相关的数据,具体是通过嵌入在手机中的电子问卷实现;服务器负责存储和分析当前服务期内所有志愿者的反馈信息;管理端则是负责电子问卷的更新、工作周期报表的生成以及数据的多维度可视化等(图8.3)。

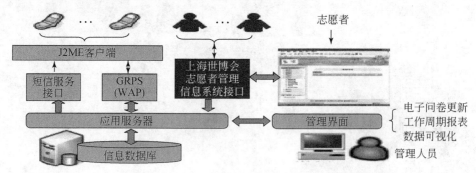

图8.3　基于手机电子问卷的园区志愿者服务评测方案

　　客户端实现方案,一般来说,可以采用手机自身的开发平台,如 Android、Windows Mobile、Symbian 等,但是由于志愿者手机的多样性,如果针对这些不同型号的手机开发客户端软件,将需要大量的人力和时间。更为合适的方式是采用通用的标准平台,如 WAP 或 J2ME 平台。WAP 客户端是采用手机自身浏览器访问 WAP 网页,在 WAP 网页中嵌入电子问卷。这种方案跨平台性好,技术实现上方便。但前提是网络接入性得到保证,因为每次用户必须要通过手机上网才能访问 WAP 网页,其响应过程取决于用户所处网络的服务质量,通常难以保障。更重要的是每次访问网络都将产生一定的网络流量,会造成客户通信费的额外支出。这一点将直接影响志愿者的参与度,多数志愿者可能因此不愿参与问卷调查。考虑到上述困难,园区志愿者管理部门经过充分调研后,选定基于J2ME平台的方案。J2ME 是 JAVA 在手机平台上的运行环境,具有跨平台的特性,几乎所有的手机,包括很多低端机型都能较好地支持 J2ME,因此具有一次开发,广泛部署的特性(王森,2003)。根据志愿者工作的特点,志愿者只要下载一次J2ME 客户端,在每次回答问题时就无需访问网络,因此避免了对网络依赖和额外的流量费用。

　　设计客户端软件的另外一个重要要求是操作要力求简单、方便。志愿者平时工作非常繁忙,回答问题是在每天工作结束之际或工作间歇完成的。为此,需要设计良好的用户界面和简单的操作模式,尽量使志愿者能在 1min 左右时间完成所有的问卷,且以选择题为主。如图 8.4 所示为 J2ME 典型的用户操作界面。为了及时、可靠地获得问卷反馈数据,最终的答案通过短信方式发回服务器。J2ME 支持直接调用手机短信接口向特定号码发送短信。所有的答案经过格式化处理后能在一个短信(70 个字符)内全部返回。

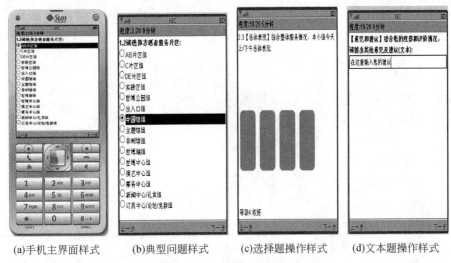

(a)手机主界面样式　　　(b)典型问题样式　　　(c)选择题操作样式　　　(d)文本题操作样式

图 8.4　手机客户端界面

　　服务器端完成后台的数据分析、存储和支持服务,采用 Java Servlet 实现(王森,2003),完成双向业务逻辑,并将相关数据存储到 MySql 开源数据库中,其中问题的答案通过上海移动企业短信通平台进行回收(上海移动通信有限公司,2004)。通过集成其他模块,服务器可以方便地与外部管理系统连接,并向管理接口提供支持。

　　管理端需要方便管理者使用和随时了解整体情况,采用 Web 页面实现,负责电子问卷的更新、工作报表的统计和生成、数据可视化等功能。通过和应用服务器配合,管理端可以随时对上述三类数据进行编辑,发布和更换。通过集成数据分析模块和人机交互,完成综合报表输出。如图 8.5 所示为管理端通过 Web 方式获得的数据统计结果。图 8.5(a)、(b)是不同片区志愿者绩效数据及其图形化展示;图 8.5(c)、(d)是按照志愿者不同服务功能获得的绩效数据及其图形化展示;而图 8.5(e)则是绩效指标随着时间(以天为单位)的演变曲线。

片区	任务安排	工作环境	团队支持	绩效评价
A 片区	4.3	4.1	4.3	4.4
B 片区	4.3	4.1	4.4	4.5
C 片区	4.1	3.8	4	4.4
D 片区	4.4	4.2	4.4	4.6
E 片区	4.4	4.2	4.4	4.5
城市最佳实践区	4.3	4.2	4.4	4.5
世博轴	4.2	3.9	4	4.1
世博公园	4.6	4.3	4.6	4.5
中国馆	4.3	4.2	4.4	4.5
主题馆	4.4	4.2	4.4	4.5
世博中心	4.5	4.5	4.5	4.5
文化中心	4.1	3.8	4.1	4.3
非洲联合馆	4.5	4.5	4.6	4.7
出入口	4.5	4.1	4.5	4.7
高架步道	4.3	4.3	4.8	4.9
票务中心组	4.6	4.4	4.6	4.7
新闻中心/礼宾组	4	3.9	4	4.3
订房中心/论坛/党群组	3.5	3.8	4.5	4.3

(a)分区志愿者绩效数据

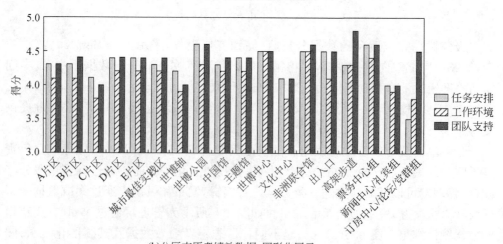

(b)分区志愿者绩效数据-图形化展示

功能	任务安排	工作环境	团队支持	绩效评价
园区信息咨询	4.4	4.2	4.3	4.5
参观者秩序引导协助	4.3	4.1	4.4	4.5
接待协助	4.3	4.2	4.2	4.4
语言翻译	4.1	3.9	4.2	4.3
残障人士援助	4.3	4.1	4.1	4.4
媒体服务	3.5	3.7	3.4	3.8
活动/论坛组织协助	4.8	4.8	4.9	4.8
志愿者管理协助	4.3	4.1	4.2	4.3

(c)各功能志愿者绩效数据

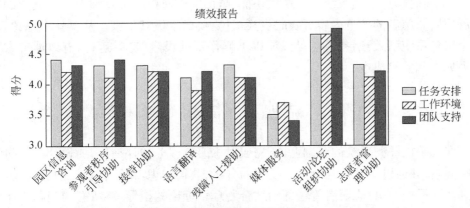

(d)各功能志愿者绩效数据–图形化展示

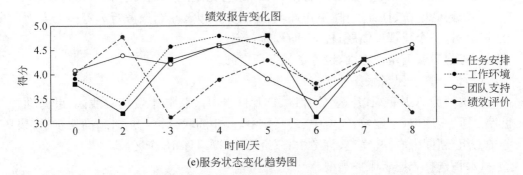

(e)服务状态变化趋势图

图 8.5　管理端对数据的图形化展示

　　作为对园区志愿者全面管理的有益补充,这种基于手机电子问卷的服务评测方式具有一些新的特点。首先,传统填表调查、随机采集对象的方式具有同一特性并因此可能导致调查报告中的观点缺失,而由于手机的普及率相对较高,手机在线活动记录、问卷调查及社会动员在收集信息时能够很好地避免这一情况,保证调查的有效性和针对性。这种全频道覆盖的信息收集使"及时倾听全体志愿者心声,快速改进突出问题"成为可能。其次,这种手机电子问卷方式对数据采取实时收集的策略,不受时间和空间等因素的限制。在世博会展览期间,可以在任何时刻对信息进行收集和处理,从而缩短决策时间。此外,手机电子问卷系统直接从一线志愿者收集信息及反馈,这意味着信息不需要再经过管理人员的层层收集,可直接到达决策者,避免了信息的流失并提高了解决问题的效率。此外,通过手机采集信息可以避免传统问卷调查中出现的重复性和对象的单一性问题,能提高信息的准确性。手机调查在狭义的范围内能够做到人机一一对应,从而解决在传统调查中数据重复收集的情况。由于手机调查具有对应特性,在志愿者反馈意见后,管理者可以随时追踪调查志愿者后续的满意度,以求不断改进。针对世博会现场可能出现的问题,手机实时信息采集系统可以提供快捷、全面的应对措施和反馈渠道。其原因在于反馈给志愿者的信息内容可随时更换,且更换成本极其低廉。从操作上来说,对这个服务系统引入预置功能,可以使以上操作提前设定,定时运行,有效地节省了人力成本和监控成本。

8.3　志愿者评估系统功能

在此手机评测系统的基础上,要完成对志愿者服务的评估,需要设计出一份合适的问卷,并通过对这些问卷回答反馈的分析,获得知识,帮助管理。如前所述,考虑到实际操作约束,志愿者管理部门结合心理学理论的指导,将所有的问题控制在16 个手机页面内,使得多数用户能在 1min 之内完成问题的回答。问题的设计主要涵盖志愿者定位、任务安排、工作环境、团队支持以及小组服务行为等多个方面,此外还设计一个建议反馈题目。下面具体介绍。

在志愿者服务定位方面,设计了如下两个问题。

(1)请选择志愿者服务片区。

可选项为 A 片区、B 片区、C 片区、D 片区、E 片区、城市最佳实践区、世博轴、世博公园、中国馆、主题馆、世博中心、文化中心、非洲联合馆、出入口、高架步道、票务中心组、新闻中心/礼宾组、订房中心/论坛/党群组等 18 个区域。

(2)请选择志愿者服务类型。

可选项为园区信息咨询、参观者秩序引导协助、接待协助、语言翻译、残障人士援助、媒体服务、活动/论坛组织协助、志愿者管理协助等 8 项服务职能。

在志愿者工作安排的感受方面,设计了一个多选复合题目。

在任务安排方面下列情况如何(可多选,不选表示很好,不用改进):

可选项包括任务明确性、工作丰富性、工作自主性、分配合理性、沟通与交流、工作任务量、工作的难度、结果的反馈、是否发现小组还有其他值得改进的方面等9 个方面。对每一个选项分别按照级别 1～5 表示从不满意到很满意,采用手机键盘左右键控制。

在志愿者对所处工作环境的感受方面,设计了多选复合题目。

在工作环境方面,下列情况如何(可多选,不选表示很好,不用改进):

可选项包括人群流动、空间场所、饮水就餐、天气温度、厕所使用、环境卫生、是否需要其他改进等 7 个方面。

在志愿者对所处团队支持的感受方面,多选复合题目如下。

在团队支持方面,需要改进的是(可多选,不选表示很好,不用改进):

可选项包括外部协作、上级指导、后勤支持、安全保卫、医疗救助、是否需要其他改进等 6 个方面。

在志愿者服务行为方面,设计一组共 6 个单选题,分别对应服务行为的 6 个方面:履行职责、积极主动、热情耐心、工作效率、协调配合、服务创新以及整体服务等。

最后,平台包含了一个开放性的反馈问题,以方便志愿者说出其他意见和建议:

结合您的观察和评价情况,请提出其他意见及建议。

通过问卷的设计,结合相关外围数据及统计分析,该服务平台可获得志愿者服务的综合知识,并提供有效的服务。典型的应用如下:

(1)志愿者服务状况全局感知。

如图 8.6 所示,通过将志愿者服务状况与园区的 GIS 地图信息进行集成,可直观和及时了解志愿者的分布和服务变化等全局信息。

(2)志愿者全局、动态管理。

根据志愿者全局服务质量分布图,志愿者管理部可以综合多方面的信息,并与现场和指挥中心沟通后,根据各片区服务能力的紧迫程度,及时地调整人员和志愿者职能。此外,通过短信平台,可直接将必要的指示信息迅速地传给在现场支持的志愿者小组长。在异常情况、突发事件发生时,这些小组长将起到中坚分子的作用,能根据上级指示,从容有序地应对困难,往往能起到模范带头作用,影响到周围的群众,进而将及时地化解危机。

(3)服务片区的社会情况把握。

通过对工作环境以及志愿者文本反馈进行深度分析,结合服务当天的上下文线索,可以捕捉到发生在志愿者自身和周围的社会信息。包括志愿者对自己工作的满意度认可、对服务是否需要改善的建议、对周围群众反映问题的汇总以及情

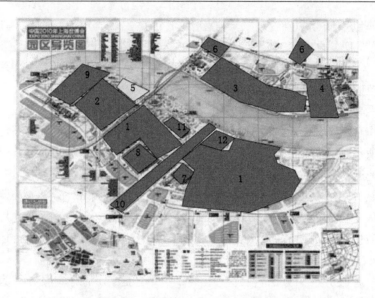

图 8.6　世博园区志愿者服务质量分布图(浅色表示服务质量低,如片区 5)

1. AB 片区;2. C 片区;3. DE 片区;4. 城市最佳实践区;5. 绿地公园;6. 出入口;

7. 中国馆;8. 主题馆;9. 非洲联合馆;10. 世博轴;11. 世博中心;12. 文化中心

绪、心理状态等。

　　(4)志愿者工作考评。

　　在目前已经形成逐级考评方式的基础上,通过分析志愿者的物理、心理活动日志以及综合外部数据,如网上评价等多层次、多方面的信息,形成如图 8.7 所示的综合评价模型。

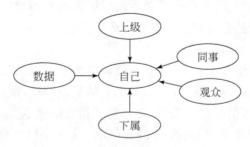

图 8.7　志愿者服务绩效综合评价模型

8.4　典型数据分析

　　在整个世博会期间,志愿者管理部用此即时信息感知系统对每个服务轮次(两周)的各片区部分志愿者进行了问卷调查,记录反馈数据,并形成综合评估报告;利用心理学和复杂网络理论建构研究模型和框架,并且设计问卷调查系统,采用了手机、电脑和纸笔问卷三位一体的混合网络调查方式。调查对象:上海世博会近 7000 名园区志愿者。调查时间:展开对世博会志愿者 5 月 31 日～10 月 31 日持续 5 个月的追踪调查。调查样本:自上海世博会获得手机短信调查数据共 18060 份,电脑调查数据 4084 份,纸笔问卷共 42648 份。限于篇幅,这里仅以 5 月 14 日～5 月 31日所采集的数据为例,介绍代表性数据的分析结果。

此期间系统共收到 264 份有效问卷和 94 条文本建议。总体评价和关键指标数据如图 8.8 所示。各项指标得分最高为 5 分,最低为 1 分;得分低于 3.5 分,将发出警报。可以看出这段服务时间内志愿者服务质量总体是满意的。

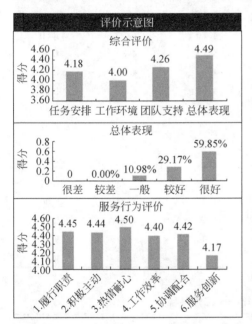

关键指标数据			
综合评价			
任务明确性	4.18	工作环境	4.00
团队支持	4.26	总体表现	4.49
任务安排			
任务明确性	4.67	沟通与交流	4.69
工作丰富性	4.48	工作任务量	4.71
工作自主性	4.70	工作的难度	4.80
分配合理性	4.55	结果的反馈	4.70
工作环境			
人群秩序	4.48	天气温度	4.78
空间场所	4.66	厕所使用	4.78
饮水就餐	4.54	环境卫生	4.83
团队支持			
外部协作	4.62	安全保卫	4.86
上级指导	4.64	医疗救助	4.86
后勤支持	4.69		
服务行为评价			
积极主动	4.45	协调配合	4.40
热情耐心	4.44	履行职责	4.42
工作效率	4.50	服务创新	4.17

图 8.8　样本的总体评价和关键指标

通过对 94 条文本的分析和总结,得出如图 8.9 所示的急需处理的三条建议和需要重点考虑的三条建议。这些建议对于管理部门的决策非常重要。

急需处理的建议

(1)德国馆第二栏围栏一定要换成固定栏杆,巡游结束绳子极难控制排队队伍
(2)游客反映轮椅租借困难,小商品店太少
(3)世博轴柱子最好标记六号出口方向,很多人都问出口问题

需重点考虑的建议

(1)请给出入口志愿者配送小语种版地图
(2)建议在亚洲广场上,也就是高架步道楼梯旁边的地图前安置遮阳伞
(3)工作人员在吸烟,要增加吸烟点,否则大家都随便吸
(4)内宾接待任务太少,志愿者多

图 8.9　志愿者建议总结

　　进一步，通过按照片区进行数据统计，可以定位出不同片区的服务状况。表 8.1 为不同片区在工作方面的综合评价表，可以看出新闻中心/礼宾组的志愿者对任务安排方面不太满意；表 8.2 为其中一项指标"工作环境"随时间的变化情况，可以清楚地观察出具体那些工作环境有待改善。

表 8.1 关键指标数据——综合评价

片区	样本	任务安排	工作环境	团队支持	总体表现
A 片区	29	4.21	4.07	4.21	4.66
B 片区	37	4.00	3.41	4.03	4.43
C 片区	33	3.97	3.94	4.12	4.30
D 片区	8	4.38	4.13	4.50	4.75
E 片区	10	4.20	4.20	4.50	4.50
城市最佳实践区	19	4.42	4.16	4.37	4.32
世博轴	5	4.80	4.40	4.80	4.80
世博公园	14	3.93	4.00	4.29	4.36
中国馆	9	4.44	4.11	4.22	4.67
主题馆	14	4.79	4.79	4.79	4.71
世博中心	2	5.00	4.00	5.00	5.00
文化中心	1	5.00	4.00	5.00	5.00
非洲联合馆	12	3.92	3.58	3.83	4.42
出入口	3	4.00	4.33	4.33	5.00
高架步道	12	4.92	4.50	4.75	4.83
票务中心组	16	4.06	3.94	4.19	4.38
新闻中心/礼宾组	4	3.50	3.75	4.50	4.25

表 8.2 关键指标数据——工作环境

日期	样本	人群秩序	空间场所	饮水就餐	天气温度	厕所使用	环境卫生
5-14	83	4.45	4.64	4.41	4.75	4.63	4.73
5-15	30	4.63	4.70	4.33	4.83	4.73	4.90
5-16	75	4.63	4.63	4.75	4.92	4.88	4.83
5-17	12	4.42	4.92	4.67	4.92	5.00	4.75
5-18	9	5.00	4.78	5.00	5.00	5.00	4.78
5-19	9	3.89	4.44	3.89	4.78	4.56	5.00
5-20	5	3.20	5.00	4.60	4.60	5.00	5.00
5-21	4	5.00	5.00	5.00	5.00	5.00	5.00
5-22	11	4.18	4.55	4.55	4.00	4.73	4.82
5-23	5	4.60	5.00	4.00	5.00	5.00	5.00
5-24	7	4.57	4.86	4.57	4.71	4.71	4.86
5-25	2	3.50	4.00	5.00	3.00	5.00	5.00

续表

日期	样本	人群秩序	空间场所	饮水就餐	天气温度	厕所使用	环境卫生
5-26	3	3.00	3.67	3.67	4.00	4.33	5.00
5-27	2	5.00	5.00	5.00	5.00	5.00	5.00
5-28	2	3.00	3.50	3.50	5.00	5.00	5.00
5-29	5	5.00	5.00	5.00	5.00	5.00	5.00

对世博会志愿者群体进行大规模的混合问卷调研分析(图 8.10)发现:在多个特殊时间段,焦虑情绪的爆发点出现之前,温度感受都有一个由下降转上升的拐点,且这种温度感受转变对焦虑情绪的影响延迟 1～2 天。气候因素对群集心理行为(如焦虑感)影响预测的可能性如图 8.11 所示。

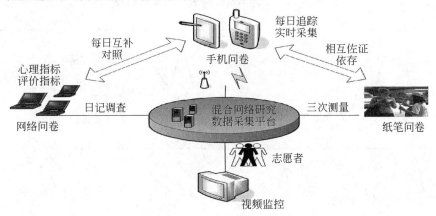

图 8.10　混合问卷调研分析

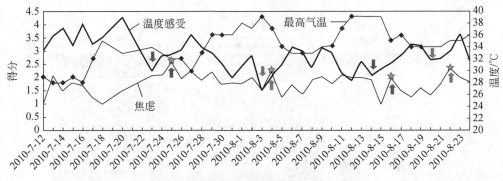

图 8.11　温度感受转变对焦虑情绪的影响

以工作丰富性与失望的变化趋势为例,我们的研究发现:工作特征与情绪状态的变动趋势基本对应,且存在累积的效应,连续几日感觉到无聊,失望的情绪会暴涨(图 8.12 和图 8.13)。

图 8.14 给出在 8 月 9 日～8 月 22 日期间志愿者服务质量调查结果。

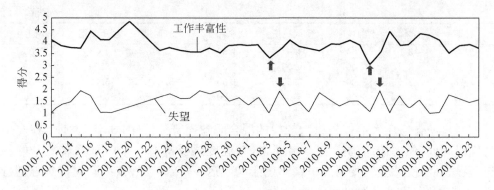

图 8.12　工作丰富性与失望的变化趋势

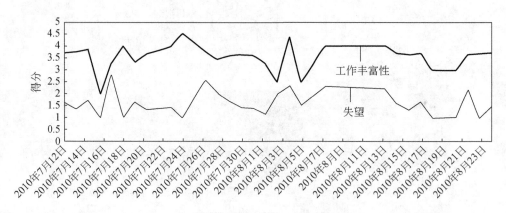

图 8.13　工作丰富性与失望的变化趋势

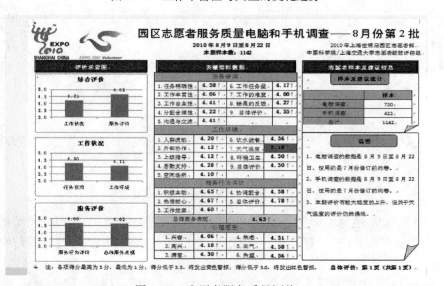

图 8.14　志愿者服务质量评价

8.5　总结与展望

本章介绍了用于上海世博会手机电子问卷的信息服务平台。在上海世博会举办期间，该平台共采集到 7000 多志愿者中的 6000 多份有效数据。据我们所知，这是基于手机平台的电子问卷在大型活动中首次大规模应用。本项目的实施为大型活动中组织行为及志愿者信息化管理提供了新的思路。未来，通过进一步对手机客户端软件加以升级和丰富，如集成 GPS、加速度传感、蓝牙通信等数据，可以对志愿者实现更全面的信息感知和更体贴的服务。

参 考 文 献

上海移动通信有限公司 . 2004. 上海移动通信企业短信通平台接口协议 v2.

宋利，时勘 . 2013. 信息平台与志愿者管理视角——2010 年世博会排队分析 . 上海交通大学，中国科学院大学 .

王森 . 2003. Java 手机程序设计入门与应用 . 北京：中国铁道出版社 .

第9章 用互联网信息预测参加
大型社会活动中客流量

9.1 大型社会活动中客流量预测

大型社会活动的客流量预测是活动管理中的重要问题,如果客流量太小,组织方要想办法组织更好的活动,并动员各种力量来组织和鼓励人们来参加活动,如果客流量太大,又要防止过分拥挤使游客对活动满意度降低,而更令组织方担心的是出现踩踏事件。客流量预测的方法有很多,有的直接对上海世博会的客流量进行预测,例如,利用多元回归模型对世博会客流量做的预测(王小平等,2010),应用多元回归与时间序列分析结合进行的预测(潘晓炜,2012),用灰色预测模型拟合上海世博会短期流量变化的趋势(姜镇,2010)等,在此不一一列举。然而,本章要应用的预测方法是另一种思路,因为客流量一般通过游客的消费行为决策才能体现。本质上看,客流量的变化是游客作为消费者进行消费需要确认、旅游信息搜寻、旅游方案评估、旅游购买决策、游览评价等一系列过程的反映。其中,信息的影响都是通过游客来体现的。关于如何度量游客的消费行为决策过程,传统研究仅能采取调查问卷或代理变量的方法,调查问卷存在一定的统计延迟,代理变量的间接性又难免产生一定偏差,因此,在传统研究条件下,难以对游客的行为决策进行及时、直接的定量研究。随着互联网时代的到来,信息技术、网络技术与搜索引擎的发展为消费行为乃至社会行为研究开辟了新的领域。网络已成为公众信息搜索的重要渠道,是连接信息、需求、行为的纽带。同时,用户的网络行为以种种形式被搜索引擎、网络日志、博客、微博等记录。将研究集中在网络浏览数据、网络搜索数据和微博互动数据上,统称为网络多源数据。这些数据中蕴含数以亿计用户需求、关注与反馈信息,能够映射用户在现实生活中的行为趋势和规律。近年来,网络数据与社会经济行为相关性研究已经成为国外的一个研究热点,但是研究结果也较为有限,特别是关于中文网络数据与社会经济行为的相关研究还十分不足,现有研究存在未形成标准的数据处理方法、未对内在机理深入挖掘等问题。沿着这个研究思路,张洋的博士学位论文以中文网络多源数据为基础,选择中国旅游市场为研究对象,以北京园博会为实例,探讨网络多源数据反映的游客网络行为与游客消费行为决策之间的关系及表现特征,他主要做了以下几个方面的研究工作。第一,网络行为与展会游览行为的关联机制分析。从消费购买决策理论、信息行为理论等出发,构建了旅游市场中网络行为与展会游览行为的关联机制概念模型,分析了两者之间的逻辑关系与关联机理。第二,网络多源数据的特征及关系分析。首先,分析网络浏览数据、网络搜索数据、微博数据、客流量数据等多源数据的来源、获取和特点。具体给出了搜索关键词库、微博文本库和官网访问流量库的建立方法。其次,介绍了网络搜索数据和微博数据的预处理方法。最后,以园博会为例深入分析了网络点击流数据、网络搜索数据、微博数据、客流量数据等网络多源数据之间的关系。第三,基于搜索关注度指数的客流量预测实证研究。首先,介绍搜索关注度指数的合成方法。其次,在合成搜索关注度指数的基础上,以北京园博会为例进行实证研究,通过协整分析与 Granger 因果关系检验考察园博会搜索关注度指数与北京园博会日客流量指标之间的关系。研究结果表明,网络搜索关注度指数能反映园博会游客的行为及预期,是园博会日客流量的合理度量指标。第四,基于微博情绪倾向性的客流量预测的实证研究。微博数据中蕴含了大量的游客感受和情绪信息,本章从此角度出发,探索微博信息对于园博会客流量的预测能力。首先,介绍微博互动情绪与旅游决策的关系,紧接着自定义了旅游领域的情感词典,通过 ROSTEA 软件实现了微博文本倾向性的判断和编码,然后应用时差相关分析和格兰杰因果检验找出具有预测能力的微博信息,并在此基础上建立模型证实微博信息不同于搜索数据的预测能力,并得出相关有效结论。第五,基于微博情绪指数的园博会运营管理决策研究。在微博情绪倾向性分析的基础上,进一步深入到微博文本所反映的话题主题中,分析游客在不同主题下的满意度,研究选取“不满意度”作为测度指标,并通过内容分析法发掘游客不满意的原因和对象。最后,基于微博情绪的实证研究给园博会的管理运营提出若干建议(张洋,2014)。

　　张洋的工作是在中国科学院大学的吕本富和彭赓指导下完成的,这两位老师还进行了其他大型社会活动的类似预测工作,例如,对上海世博会以及九寨沟旅游景区客流量的预测。本书将主要介绍利用互联网技术应用在上海世博会客流量的预测研究工作。近 20 年来,互联网在全球得到了普及性应用,搜索引擎作为互联网上获取信息最常用的工具,是连接网络信息资源与用户需求的纽带。搜索引擎的服务器能完整地记录网民的搜索行为,形成搜索记录数据库。海量的搜索数据中隐含着网民的关注和需求,能够映射用户在现实生活中的行为和趋势,可以作为行为决策过程及时而直接的测度指标。2009 年 Ginsberg 等(2009)利用 Google 的搜索数据成功预测了美国流感疫情,该预测比美国疾病预防控制中心公布的流感疫情监测报告提前了大约 20 天。这一研究成果激发了全球学术界对网络搜索数据的研究热情,各领域的应用研究成果相继出现。例如,Choi 等(2012)在基础预测模型中加入 Google 搜索数据,分析美国的失业水平、汽车销售等问题,预测效果得到显著提高。此外,在CPI(张崇等,2012)、汽车销量预测(袁庆玉等,2011;Yuan et al.,2011)、股票市场的预测(刘颖等,2011)、旅客量预测(Xin et al.,2011)、突发事件对股票市场影响的分析(杨欣等,2013)以及上海世博会日客流量预测(Peng et al.,2011)等领域利用搜索数据进行研究。

不同的网民在使用搜索引擎时,看问题的视角和关注点存在差异,因此即使是实现同样一个目标,其搜索时使用的关键词往往表现不同。例如,为了实现去上海世博会参观,一些网民会搜索一些上海世博会和其重要展馆信息,而另外一些网民搜索交通以及食宿方面的信息等。利用网络搜索数据对社会和经济问题展开预测研究时,首先要求把围绕预测目标的搜索关键词都聚合到一起,然后判别其中哪些关键词具有预测能力。而目前学术界对于如何判断哪些关键词具有更好的预测能力方面,并没有成熟的方法。例如,Ginsberg在预测美国流感疫情时,利用时差相关性分析方法,从数千万个关键词中选择了45个有预测能力的关键词。而Konstantin等(2009)在研究网络搜索与美国个人消费增长率的相关性时,首先从Google提供的27个分类中识别出220个与消费相关的词句有预测能力。杨欣等(2013)利用百度搜索数据预测中国海南省月度游客数量时,对关键词进行时差相关性分析后,选择0.6作为关键词是否有预测能力的判断阈值,并得到了不错的预测效果。

研究发现网络检索关键词与客流量之间存在耦合。

首先搜索指数与客流量的协整分析,提出两步协整关系检验法,建立回归方程,对残差进行单位根检验,然后进行客流量预测,预误差平均3.18%(表9.1)。

表9.1　7月15日~7月21日世博会客流量实际值与预测值比较

日期	客流量实际值/万人	客流量预测值/万人	误差百分比
7-15	48.12	46.51	−3.34%
7-16	47.18	47.13	−0.11%
7-17	55.72	52.58	−5.64%
7-18	47.4	47.67	0.57%
7-19	44.84	45.80	2.14%
7-20	43.74	44.84	2.52%
7-21	43.53	44.11	1.34%

在此基础上我们发展了多个实证研究课题,包括系统地构建Web搜索与人流量的理论关联模型、基于对海南省旅游客流量的搜索指数预测游客量的实证研究等。

本章尝试在传统时差相关性分析的基础上,加入基于Hurst指数的特征判断方法,以进一步精炼出更有预测能力的关键词。基于此,本章提出基于HR(Hurst and Correl)的关键词预测能力判别方法(彭赛等,2015)。

为了验证 HR 方法的有效性,这里选择了 2010 年上海世博会日客流量作为实证研究对象。选择的原因是数据可获得性和代表性。官方网站都及时发布每天的客流数据,满足数据可公开获得性的要求。关于 Hurst 指数的计算方法可参见附录 A。

9.2　HR 方法判别关键词的预测能力

HR 方法包括两个部分,一是计算并判别关键词的 Hurst 指数,找出与预测目标时间序列数据具有相似特征的关键词;二是对关键词和预测目标的时间序列数据进行时差相关性判断,保留相关系数较高的关键词。

9.2.1　时差相关性分析

时差相关分析法是利用相关系数验证时间序列先行、一致或滞后关系的一种常用方法。重点和关键就是计算时差相关系数。时差相关系数的计算方法是以一个重要的能够敏感反映当前活动的指标作为基准指标(通常选择已知的一致指标作为基准指标),然后使被选择指标超前或滞后若干期,计算它们的相关系数。时差相关系数计算公式如下:

$$r_l = \frac{\sum_{t=1}^{n}(x_{t+l}-\bar{x})(y_t-\bar{y})}{\sqrt{\sum_{t=1}^{n}(x_{t+l}-\bar{x})^2 \sum_{t=1}^{n}(y_t-\bar{y})^2}}, \quad l=0,\pm 1,\pm 2,\cdots,\pm L$$

其中,r_l 为时差为 l 的相关系数;y 为旅游日客流量;$\bar{y}$ 为其均值;x 为关键词搜索的日变化率;$\bar{x}$ 为其均值;l 为 x 领先阶数。相关系数最大的时差阶数,即为领先阶数,这一相关系数即为两者之间的相关性。

9.2.2　基于 HR 方法有预测能力的关键词集合

该方法的基本思想是,首先构建四个基本的关键词集合,即 S_G、$S_{0.5}$、$S_{0.6}$ 和 S_H。其中 S_G 是参考 Ginsberg 使用过的方法构建的有预测能力的关键词集合,$S_{0.5}$ 和 $S_{0.6}$ 是参考张崇等使用过的方法构建的有预测能力的关键词集合,S_H 是本书提出的基于 Hurst 指数匹配构建的关键词集合。然后,分别对 S_G、$S_{0.5}$、$S_{0.6}$ 三个集合和 S_H 求交集,得到三个基于 Hurst 指数的新集合 S_{GH}、$S_{H0.5}$、$S_{H0.6}$。具体过程如图 9.1 所示。

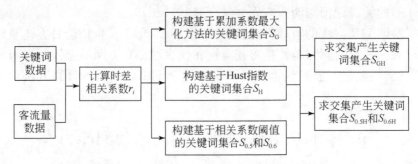

图 9.1　HR 方法产生有预测能力关键词的过程

HR 方法的描述如下。

1. 计算关键词搜索数据与客流量数据之间的时差相关系数

r_i^n 表示第 i 个关键词提前 n 期的搜索数据与游客数据的皮尔逊相关系数，其中 $0 \leqslant n \leqslant 31$。当 $n=0$ 时，表示搜索数据和游客数据的同期相关系数。用 R_i^n 表示第 i 个关键词的搜索数据与游客数据在提前期为 $0 \sim 31$ 天中的最大相关系数，即

$$R_i^n = \max(r_i^1, r_i^2, \cdots, r_i^{31})$$

当 $n>0$，R_i^n 取最大值时，关键词 i 的搜索数据提前 n 天与游客数据的相关性最大，说明从整体统计上看，游客最有可能提前 n 天搜索关键词 i 的网络信息。这样的关键词具有预测能力，应该保留下来作为预测关键词。当 $n=0$，R_i^n 取最大值时，关键词 i 的搜索数据当天与游客数据的相关性最大，说明从整体统计上看，游客最有可能当天搜索关键词 i 的网络信息。这样的关键词不具有预测能力，应该剔除。

2. 构建基于 Hurst 指数的关键词集合

计算客流量数据的 Hurst 指数 H_v 以及关键词 i 搜索数据的 Hurst 指数 H_i。然后找出与 H_v 匹配的 H_i 所对应的关键词集合 S_H。进入 S_H 的关键词按照如下匹配规则选择：

$$S_H = \begin{cases} H_i > 0.5, & H_v > 0.5 \\ H_i < 0.5, & H_v < 0.5 \\ H_i = 0.5, & H_v = 0.5 \end{cases}$$

3. 构建累加相关系数最大化方法的关键词集合

将 r_i 按大小排序后，根据简单相加的方法将关键词数据按照大小顺序逐个合成到搜索指数中。同时对合成的搜索指数与客流量进行皮尔逊相关性分析，找出

相关系数达到最大时的关键词,搜索指数合成结束。该方法由 Ginsberg 首先用于预测美国的流感疫情。此时,参与合成的关键词集合为 S_G。

4. 构建基于相关系数阈值方法的关键词集合

设计一个相关系数判断阈值 F,将大于阈值 F 的关键词构建成一个关键词集合 G_F。本节根据研究的目标对象,即九寨沟客流量预测和世博会客流量预测,选择 $F=0.5$ 和 $F=0.6$ 两种情况。进入的关键词按照如下匹配规则选择:

$$G_{0.5} = \{r_i > 0.5\}$$
$$G_{0.6} = \{r_i > 0.6\}$$

5. 构建基于 Hurst 指数和累加相关系数最大化两种方法的关键词集合 S_{HG}

即计算集合 S_H 和 S_G 中的关键词交集,交集中的关键词进入 S_{HG}。

6. 构建基于 Hurst 指数和相关系数阈值方法的关键词集合

即分别计算集合 S_H 和 $S_{0.5}$ 的关键词交集,以及集合 S_H 和 $S_{0.6}$ 的关键词交集。交集中的关键词分别进入关键集合 $S_{H0.5}$ 和 $S_{H0.6}$。

9.3　实证检验

9.3.1　数据源

为了检验 HR 方法选择关键词结果的有效性,本节选择 2010 年上海世博会的客流量预测作为实证研究目标。

关于客流量数据。2010 年 5 月 1 日～2010 年 10 月 31 日,第 41 届世博会在中国上海市举办,期间世博会官方网站每天发布其实时客流量数据。

关于搜索关键词和关键词搜索量数据。关键词都是通过经验关键词加百度搜索引擎推荐关键词组合方法得到的。世博会旅游搜索关键词共 315 个,该数据获取的时间是 2014 年 10 月。获取的原始关键词如附录 B 所示。关于 Hurst 指数、$S_{0.6}$ 和 $S_{0.5}$ 的关键词分别可以在附录 C、附录 D 和附录 E 中找到。

所有关键词的搜索量数据都来源于百度指数(http://index.baidu.com)。针对每一个关键词,百度公开发布其搜索量。本节获取世博会旅游相关 315 个关键词搜索量数据的时间区间是 2010 年 4 月 1 日～2010 年 10 月 31 日。数据比实际客流量数据都提前了一个月,目的是便于计算关键词搜索量与客流量之间相关性的时差。

9.3.2　训练样本和测试样本

世博会旅游相关的数据分别划分为两组：训练样本和测试样本，如表 9.2 所示。

表 9.2　世博会训练样本和测试样本划分

训练样本		测试样本	
样本区间	样本量	样本区间	样本量
2010-5-1～2010-9-30	153	2010-10-1～2010-10-31	30

选择世博会旅游客流量预测的测试样本区间的原因是，最后一个月是其客流量高峰时间，并且表现极其不平稳，波动性极大，如图 9.2 所示。对这种客流量的预测既具有挑战性，也对世博会组织机构具有更大的意义。

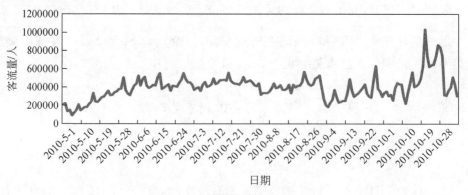

图 9.2　世博会客流量波动情况

9.3.3　世博会客流量有预测能力关键词的识别

1. 构建基于 Hurst 指数的关键词集合

通过计算得到世博会客流量时间序列数据的 Hurst 指数 H_v 为 0.644，$0.5 < H_v < 1$ 表明世博会客流量具有长期时间记忆性。然后依次计算 315 个关键词搜索数据的 Hurst 指数 H_i，将具有 $0.5 < H_i < 1$ 特征的搜索关键词构建成库 S_H。结果发现共有 209 个关键词符合该条件，如附录 C 所示。

2. 构建累加相关系数最大化方法的关键词集合 S_G

按照前面的方法计算，共识别出 11 个关键词进入关键词集合 S_G，包括世博会攻略、世博会一日游攻略、上海酒店预订、世博攻略、游世博会攻略、世博园区地图、世博会最牛攻略、沙特阿拉伯馆、上海世博攻略、上海酒店、世博会地图。

3. 构建基于相关系数阈值方法的关键词集合 $S_{0.5}$ 和 $S_{0.6}$

R_i^n 大于 0.6 的关键词共 37 个，如附录 D 所示，这些关键词构成集合 $S_{0.6}$。R_i^n 大于 0.5 的关键词共 82 个，如附录 E 所示，这些关键词构成集合 $S_{0.5}$。

4. 构建基于 Hurst 指数和累加相关系数最大化两种方法的关键词集合 S_{HG}

通过对集合 S_H 和 S_G 中的关键词交集计算后发现，交集中的关键词共有 8 个，包括世博会攻略、世博会一日游攻略、上海酒店预订、游世博会攻略、世博会最牛攻略、沙特阿拉伯馆、上海世博攻略、世博会地图，全都进入 S_{HG}。该集合中的关键词满足两个特征要求：其一，与世博会客流量时间序列数据一样具有长时间记忆性；其二，合成后的搜索指数与世博会客流量数据的相关系数很高。

5. 构建基于 Hurst 指数和相关系数阈值方法的关键词集合 $S_{H0.5}$ 和 $S_{H0.6}$

计算集合 S_H 和 $S_{0.5}$ 的关键词交集后发现，有 20 个关键词进入关键词集合 $S_{H0.5}$，包括 2010 世博会官网、丹麦馆、德国馆、美国馆、上海欢乐谷地址、上海世博地图、上海世博会地图、上海世博会中国馆、上海世博园、上海小吃街、世博地图全图、世博会图片、世博游攻略、世博游览攻略、世博游指定旅行社、世博园地图、世博园攻略、意大利馆、游世博会攻略、世博会最牛攻略。计算集合 S_H 和 $S_{0.6}$ 的关键词交集后发现，有 10 个关键词进入关键词集合 $S_{H0.6}$，包括丹麦馆、上海世博会地图、上海世博会中国馆、世博地图全图、世博会攻略、世博游攻略、世博游指定旅行社、世博园地图、游世博会攻略、世博会最牛攻略。该集合中的关键词满足两个特征要求：其一，与世博会客流量时间序列数据一样具有长时间记忆性；其二，与世博会客流量数据的相关系数很高（彭赓等，2015）。

9.3.4　世博会客流量预测建模及预测分析

1. 预测提前期的确定

首先构建搜索合成指数。对集合 S_G、$S_{0.5}$、$S_{0.6}$、S_{HG}、$S_{H0.5}$ 和 $S_{H0.6}$ 中的搜索数据分别进行简单的数据相加，得到各自分别对应的搜索指数 indexg、index5、index6、indexgh、index5h、index6h，即 indexg 是由集合 S_G 中关键词产生的搜索指数，index5 是由集合 $S_{0.5}$ 中关键词产生的搜索指数，index6 是由集合 $S_{0.6}$ 中关键词产生的搜索指数，indexgh 是由集合 S_{GH} 中关键词产生的搜索指数，index5h 是由集合

$S_{H0.5}$ 中关键词产生的搜索指数，index6h 是由集合 $S_{H0.6}$ 中关键词产生的搜索指数。

　　计算预测提前期。对合成的 6 个搜索指数再一次与世博会景区日客流量进行皮尔逊相关性分析，得到表 9.3 所示的结果。表 9.3 的结果显示出，世博会景区日客流量数据与提前两期的搜索指数数据 index5、index6 和 index6h 的相关性最大，与搜索指数 indexg 和 indexgh 提前一天的相关性最大，与搜索指数 index5h 提前18 天的相关性最大。百度搜索指数 index5、index6 和 index6h 对世博会景区的日客流量具有提前两天的预测能力，而搜索指数 index5h 具有提前 18 天的预测能力，而搜索指数 indexg 和 indexgh 具有提前一天的预测能力。

表 9.3　六个合成指数与客流量的时差相关性分析结果

提前期/天	index5	index6	index6h	index5h	indexg	indexgh
30	0.589606756	0.51308611	0.475878699	0.612567006	0.476646821	0.437868324
29	0.598886904	0.520704364	0.481679485	0.617573297	0.489115168	0.44988495
28	0.565712238	0.484754431	0.446983987	0.60165146	0.455393579	0.420870731
27	0.552504603	0.467836981	0.435605858	0.602465225	0.438998068	0.407998163
26	0.588493451	0.503784253	0.470185023	0.62897718	0.469739823	0.436360907
25	0.598589301	0.51645013	0.482702377	0.637454465	0.47719661	0.445447231
24	0.602868404	0.522827077	0.487262831	0.640223583	0.477585581	0.449065406
23	0.608303259	0.528873045	0.497970059	0.637068769	0.486009199	0.460295227
22	0.621874697	0.542049133	0.513761412	0.640934078	0.502239893	0.475778696
21	0.582375193	0.506012442	0.484133398	0.619839205	0.465819169	0.446099145
20	0.570553723	0.495892518	0.481563194	0.621639076	0.45531362	0.443111605
19	0.625774505	0.554091314	0.540532496	0.658697006	0.508523578	0.496514165
18	0.645727745	0.580817187	0.56915742	0.663937	0.535698552	0.525108506
17	0.646781368	0.589743861	0.574499616	0.649173682	0.546305173	0.535515
16	0.646206705	0.592003185	0.579352223	0.635919968	0.5573096	0.549162041
15	0.666828851	0.615495959	0.609218448	0.649026195	0.587302286	0.576779281
14	0.617013907	0.574057446	0.580296587	0.618836218	0.550608754	0.546848688
13	0.592801211	0.556254751	0.5709621	0.605846439	0.53250034	0.535316019
12	0.639433117	0.60777509	0.616949997	0.616989191	0.577015765	0.578432331

续表

提前期/天	index5	index6	index6h	index5h	indexg	indexgh
11	0.642613423	0.625326801	0.632399861	0.587382579	0.597072349	0.596990866
10	0.642385228	0.640381989	0.639689104	0.571848863	0.61403344	0.611590404
9	0.661074729	0.669511464	0.672807045	0.576756046	0.649530071	0.649099705
8	0.699759137	0.712546386	0.718049227	0.59806786	0.697222934	0.693641152
7	0.632008493	0.662067965	0.679080545	0.547513813	0.656528673	0.662851498
6	0.600180656	0.643574842	0.666384951	0.524740482	0.643444187	0.654853611
5	0.665864077	0.711660354	0.718973624	0.550335168	0.703828648	0.707375707
4	0.698025657	0.753041081	0.747785023	0.539751567	0.74667154	0.745527934
3	0.704315416	0.774291072	0.763534745	0.516431722	0.773268878	0.770522842
2	0.7180443	0.8012323	0.7971924	0.503817092	0.813138865	0.810853669
1	0.689794519	0.790209443	0.792959683	0.474270056	0.8155233	0.816012
0	0.528256012	0.652421337	0.672443507	0.376903786	0.690873812	0.711856056
最大相关系数	0.7180443	0.8012323	0.7971924	0.663937	0.861214971	0.857886914
预测提前期/天	2	2	2	18	1	1

2. 变量之间的协整关系检验

这里以世博会日游客量数据作为被解释变量,记为 $Visitors_t$,用滞后两天的搜索指数 index5、index6 和 index6h 分别作为解释变量,记为 $index5_{t-2}$、$index6_{t-2}$ 和 $index6h_{t-2}$;用滞后 18 天的搜索指数 index5h 作为解释变量,记为 $index5h_{t-18}$;用滞后一天的搜索指数 indexg 和 indexgh 作为解释变量,记为 $indexg_{t-1}$ 和 $indexgh_{t-1}$;用滞后一天的游客数量作为解释变量,记为 $Visitors_{t-1}$,u_t 为随机误差项。构建如四组模型:

$$visitors_t = c + \beta\, visitors_{t-1} + u_t \tag{9.1}$$

$$\begin{cases} visitors_t = c + \beta\, index5_{t-2} + u_t \\ visitors_t = c + \beta\, index5h_{t-18} + u_t \end{cases} \tag{9.2}$$

$$\begin{cases} visitors_t = c + \beta\, index6_{t-2} + u_t \\ visitors_t = c + \beta\, index6h_{t-2} + u_t \end{cases} \tag{9.3}$$

$$\begin{cases} visitors_t = c + \beta\, indexg_{t-1} + u_t \\ visitors_t = c + \beta\, indexgh_{t-1} + u_t \end{cases} \tag{9.4}$$

模型(9.1)是一个基准 AR 模型,用滞后一天的日游客数量作为解释变量,解释当天的日游客数量,用于与后面两个模型的拟合效果和预测效果进行比较。模型(9.2)使用滞后两天的搜索合成指数作为解释变量,解释当天的游客数量。模型(9.3)是一个 ARMA 模型,使用滞后一天的游客数量和滞后两天的搜索合成指数作为解释变量,解释当天的游客数量。建立模型(9.2)和模型(9.3)的目的是分析比较基于网络搜索指数的模型能否获得更好的预测效果。

在利用最小二乘法对三个模型进行回归之前,先用 ADF 检验法对三个模型中涉及各变量 $visitors_t$、$visitorst_{t-1}$、$index5_{t-2}$、$index6_{t-2}$、$index6h_{t-2}$ 和 $index5h_{t-18}$、$indexg_{t-1}$ 和 $indexgh_{t-1}$ 进行单位根(平稳性)检验。经检验,各变量原序列均为非平稳序列,一阶差分之后 $visitors_t$、$visitors_{t-1}$、$index5_{t-2}$、$index6_{t-2}$、$index6h_{t-2}$ 和 $index5h_{t-18}$、$indexg_{t-1}$ 和 $indexgh_{t-1}$ 为平稳序列,即为一阶单整序列。其中,$index6h_{t-2}$ 差分之后在 5% 水平表现出平稳(表 9.4)。

表 9.4　各变量平稳性检验

变量	ADF 检验	MacKinnon 临界值			ADF 检验结果
	t-Stat	1%	5%	10%	
$visitors_t$	3.117	−3.476	−2.881	−2.577	非平稳
$index5_{t-2}$	−2.154	−3.476	−2.881	−2.577	非平稳
$index5h_{t-18}$	−3.038	−3.476	−2.881	−2.577	非平稳
$index6_{t-2}$	−2.559	−3.476	−2.881	−2.577	非平稳
$index6h_{t-2}$	−2.769	−3.476	−2.881	−2.577	非平稳
$indexg_{t-1}$	−2.658	−3.476	−2.881	−2.577	非平稳
$indexgh_{t-1}$	−2.664	−3.476	−2.881	−2.577	非平稳
$visitors_{t-1}$	3.167	−3.476	−2.881	−2.577	非平稳
$D(visitors_t)$	−4.770	−3.476	−2.881	−2.577	平稳
$D(index5_{t-2})$	3.983	−3.476	−2.881	−2.577	平稳
$D(index5h_{t-18})$	−4.770	−3.476	−2.881	−2.577	平稳
$D(index6_{t-2})$	−3.694	−3.476	−2.881	−2.577	平稳
$D(index6h_{t-2})$	3.454	−3.476	−2.881	−2.577	平稳
$D(indexg_{t-1})$	−3.859	−3.476	−2.881	−2.577	平稳
$D(indexgh_{t-1})$	−3.691	−3.476	−2.881	−2.577	平稳
$D(visitors_{t-1})$	−4.320	−3.476	−2.881	−2.577	平稳

模型的回归结果如表 9.5 所示。

基于七个模型的 R^2、调整 R^2、Log Likelihood、AIC、SC 和 DW 等各项参数的检验结果,四组七个模型最终描述为

表 9.5　模型回归结果

解释变量	模型(9.5)	模型(9.6)	模型(9.7)	模型(9.8)	模型(9.9)	模型(9.10)	模型(9.11)
C	75294.810*** (3.760)	262641.200*** (4.327)	226450.0*** (4.460)	241052*** (4.676)	302140.9*** (6.405)	126015.000*** (4.816)	−148987.800*** (6.122)
visitors(−1)	0.797*** (15.679)						
index5		2.590** (2.155)					
index5h			15.288*** (3.166)				
index6				6.017*** (2.990)			
index6h					7.851* (1.695)		
indexg						18.663*** (10.227)	
indexgh							23.187*** (10.123)
AR(1)		0.672*** (9.887)	0.725*** (12.131)	0.703*** (9.390)	0.702*** (11.445)	0.658*** (9.822)	0.655*** (9.729)
MA(7)	0.452*** (5.491)		0.428*** (5.155)		0.461*** (5.696)	0.317*** (3.614)	0.341*** (3.887)
AR(7)		0.474*** (6.337)		0.442*** (5.744)			
AR(8)		−0.383*** (−4.658)		−0.384*** (−4.698)			
AR(3)						−0.184*** (−2.694)	−0.182*** (−2.675)
MA(2)				−0.217** (−2.163)			
R^2	0.727	0.683	0.742	0.694	0.730	0.795	0.795
调整 R^2	0.723	0.673	0.736	0.683	0.725	0.790	0.789
Likelihood	−1868.937	−1776.818	−1664.667	−1774.130	−1867.979	−1819.465	−1819.623
AIC	24.631	24.577	24.588	24.554	24.631	24.326	24.328
SC	24.690	24.679	24.667	24.677	24.711	24.427	24.429
DW	1.857	1.761	1.813	1.903	1.857	1.814	1.809

续表

	模型(9.5)	模型(9.6)	模型(9.7)	模型(9.8)	模型(9.9)	模型(9.10)	模型(9.11)
ADF值		-3.174**	-3.160**	-3.058**	-3.188**	-3.870***	-3.749***
残差平稳性检验　1%标准差		-3.478	-3.476	-3.478	-3.476	-3.475	-3.475
5%标准差		-2.882	-2.881	-2.882	-2.881	-2.881	-2.881
10%标准差		-2.578	-2.577	-2.578	-2.577	-2.577	-2.577
结论		平稳	平稳	平稳	非平稳	平稳	平稳

* 表示在10%水平上显著。

** 表示在5%水平上显著。

**** 表示在1%水平上显著。

$$\begin{cases} \text{visitors}_t = 75294.81 + 0.797\,\text{visitors}_{t-1} + u_t \\ u_t = 0.452\,\varepsilon_{t-1} + \varepsilon_t \end{cases} \tag{9.5}$$

$$\begin{cases} \text{visitors}_t = 262641.2 + 2.590\,\text{index5}_{t-2} + u_t \\ u_t = 0.672\,u_{t-1} + 0.474\,u_{t-7} - 0.383\,u_{t-8} + \varepsilon_t \end{cases} \tag{9.6}$$

$$\begin{cases} \text{visitors}_t = 226450 + 15.288\,\text{index5h}_{t-18} + u_t \\ u_t = 0.725\,u_{t-1} + 0.428\,\varepsilon_{t-7} + \varepsilon_t \end{cases} \tag{9.7}$$

$$\begin{cases} \text{visitors}_t = 241052.7 + 6.017\,\text{index6}_{t-2} + u_t \\ u_t = 0.703\,u_{t-1} + 0.442\,u_{t-7} - 0.384\,u_{t-8} - 0.217\,\varepsilon_{-2} + \varepsilon_t \end{cases} \tag{9.8}$$

$$\begin{cases} \text{visitors}_t = 302140.9 + 7.851\,\text{index6h}_{t-2} + u_t \\ u_t = 0.732\,u_{t-1} + 0.461\,\varepsilon_{t-7} + \varepsilon_t \end{cases} \tag{9.9}$$

$$\begin{cases} \text{visitors}_t = 126015.0 + 18.663\,\text{indexg}_{t-1} + u_t \\ u_t = 0.658\,u_{t-1} - 0.184\,u_{t-3} + 0.317\,\varepsilon_{t-7} + \varepsilon_t \end{cases} \tag{9.10}$$

$$\begin{cases} \text{visitors}_t = 148987.8 + 23.187\,\text{indexgh}_{t-1} + u_t \\ u_t = 0.655\,u_{t-1} - 0.182\,u_{t-3} + 0.341\,\varepsilon_{t-7} + \varepsilon_t \end{cases} \tag{9.11}$$

模型(9.6)、模型(9.8)和模型(9.10)中的解释变量 index5_{t-2}、index6_{t-2} 和 indexg_{t-1} 是由没有加入 Hurst 指数的搜索关键词构成的,而模型(9.7)、模型 (9.9)和模型(9.11) index5h_{t-18}、index6h_{t-2} 和 indexgh_{t-1} 中构成解释变量的关键词都加入了 Hurst 指数的约束。这样构建模型的目的就是对比分析在选择具有预测能力的关键词时,Hurst 指数匹配约束后,能否使得预测具有更好的效果。为了保证预测效果的有效性,使用的预测样本都为 2010 年 10 月 1 日～2010 年 10 月 31 日区间共 31 天的世博会客流量。训练和测试样本结构如表 9.6 所示。

表 9.6　世博会数据的训练与测试样本区间

训练样本区间		对比模型	测试样本区间	
		模型(9.6)		
		对比一		
		模型(9.7)	2010-10-1	
2010-5-1	153 个样本值	模型(9.8)	～	31 个样本值
～		对比二	2010-10-31	
2010-9-30		模型(9.9)		
		模型(9.10)		
		对比三		
		模型(9.11)		

预测结果如表 9.7 所示。

表 9.7　七个模型的预测结果

日期	模型(9.5)	模型(9.6)	模型(9.7)	模型(9.8)	模型(9.9)	模型(9.10)	模型(9.11)	客流量
2010-10-1	240507.435	233810.867	250321.015	250403.436	243774.615	277263.288	278386.723	254000
2010-10-2	265335.679	292806.105	292725.870	306449.398	278482.619	234188.195	239978.576	391800
2010-10-3	370629.209	361082.526	381436.426	363287.085	372771.103	353019.689	357122.905	447500
2010-10-4	448482.292	419809.147	444022.088	396983.904	433921.982	410414.015	417390.811	431300
2010-10-5	427734.888	401873.317	424196.017	382587.795	413806.486	357806.140	362009.067	432100
2010-10-6	358343.595	372698.255	359729.248	366166.904	347134.609	307566.114	306322.322	298400
2010-10-7	280867.575	310677.454	278303.341	296029.337	275106.883	246534.109	250354.280	219200
2010-10-8	256165.996	225362.086	269958.995	234248.202	255078.387	232418.326	233148.587	338900
2010-10-9	402620.066	397820.848	386798.506	412066.884	396829.567	427368.823	425542.852	447100
2010-10-10	466499.580	451670.939	448416.673	434247.636	464734.065	488810.220	487248.024	562800
2010-10-11	516283.850	520163.332	478863.294	527915.560	520675.115	401975.538	409962.962	403600
2010-10-12	399075.575	410798.627	384838.231	390836.576	412274.206	435097.580	431052.807	415300
2010-10-13	379366.468	324751.916	370528.643	337152.050	357514.444	376919.246	374492.676	437100
2010-10-14	395970.209	389578.307	389261.300	401072.742	401301.410	402499.704	402555.242	494500
2010-10-15	506941.371	502386.132	478788.400	489621.042	502620.023	523389.192	520883.117	627900
2010-10-16	596034.302	599322.721	573204.758	587611.032	586236.330	637042.605	630189.882	1032800
2010-10-17	942279.711	892133.781	892544.117	885678.752	915902.646	734268.284	741260.461	744900
2010-10-18	618357.993	581191.783	604616.560	513183.526	612726.037	512575.875	518753.555	622700
2010-10-19	579129.542	532269.310	560182.772	541941.689	534310.124	476669.182	474686.196	641500
2010-10-20	612862.793	566560.969	582810.573	539800.281	592537.596	504848.035	506348.570	646600
2010-10-21	635350.493	601485.093	604183.321	586363.850	625943.361	533185.774	538687.637	732800
2010-10-22	714209.469	689712.002	683526.538	671192.639	693161.937	599578.687	604947.330	860600
2010-10-23	958710.720	918754.095	912278.754	880295.651	935934.913	764245.512	783144.507	837500
2010-10-24	653948.699	606465.073	636092.804	563394.930	634465.179	517722.185	523139.622	748300
2010-10-25	673911.065	592137.958	642990.185	593651.338	651039.736	478132.216	488698.271	315000
2010-10-26	354622.374	352886.480	366452.493	292138.045	358414.894	262285.719	271600.832	308700
2010-10-27	336669.966	338432.104	353310.821	382831.324	331483.896	226778.835	238906.402	364400
2010-10-28	409851.039	420504.286	424741.513	393423.711	408874.110	356441.475	368622.826	396700
2010-10-29	457704.312	466145.140	439034.320	445117.674	455289.214	402497.658	414357.198	510500
2010-10-30	427609.337	481125.668	438550.184	462878.934	416230.331	402453.146	406065.476	428600
2010-10-31	459641.823	394006.523	459268.542	363308.913	455838.702	366947.463	383811.506	304200

预测结果的描述性统计如表 9.8 所示。

表 9.8　预测结果的描述性统计

		对比一		对比二		对比三	
		模型(9.6)	模型(9.7)	模型(9.8)	模型(9.9)	模型(9.10)	模型(9.11)
预测值的统计描述	Mean	472529.8	477805.7	461028.4	480142.4	427449.8	431924.9
	Median	420504.3	439034.3	412066.9	433922.0	402499.7	414357.2
	Maximum	918754.1	912278.8	885678.8	935934.9	764245.5	783144.5
	Minimum	225362.1	250321.0	234248.2	243774.6	226778.8	233148.6
	Std. Dev.	163426.4	161440.7	156264.7	170211.0	137690.6	138012.6
	Skewness	1.032	1.066	1.133	1.028	0.597	0.656
	Kurosis	4.071	3.929	4.263	3.875	3.069	3.241
	Jarque-Bera	6.981	6.981	8.692	6.452	1.847	2.297
	Probability	0.030	0.030	0.013	0.040	0.397	0.317
	Root Mean Squared Error	128121.3	131819.6	132347.3	131501.1	130748.6	129601.9
	MAE	98240.41	93697.14	99720.41	93534.60	98620.60	96303.44
	MAPE	20.002	18.911	19.504	18.993	18.582	18.232
预测值残差的统计描述	Mean	−33834.75	−26222.11	−45336.10	−26222.11	−78914.75	−74439.64
	Median	−41508.22	−32916.10	−49512.21	−32916.10	−73989.78	−70090.93
	Maximum	277138.0	336039.7	278651.3	336039.7	163132.2	173698.3
	Minimum	−43477.3	−446563.7	−445189.0	−446563.7	−395757.4	−402610.1
	Std. Dev.	125615.6	130990.2	126395.3	130990.2	105971.2	107845.2
	Skewness	−0.423	−0.217	−0.368	−0.217	−0.638	−0.656
	Kurtosis	5.284	6.142	5.445	6.142	4.469	4.666
	Jarque-Bera	7.661	12.996	8.423	12.996	4.888	5.810
	Probability	0.022	0.002	0.015	0.002	0.087	0.055

9.3.5　HR 方法的有效性分析

对 9.3.3 小节~9.3.4 小节的实证数据分析,可以得到基于 Hurst 指数和时差相关性分析的关键词有预测能力判别方法的效果如表 9.9 所示。

通过观察表 9.9 的预测效果后有如下发现:

(1)选择时差相关系数大于 0.5 的关键词构建的搜索指数预测世博会客流量时,产生的 MAPE 为 20.00%,如果在选择的关键词中加入 Hurst 指数约束,即由

HR方法选择的关键词构建的搜索指数预测世博会客流量时，MAPE降低为18.91%，预测精度提高。

表9.9　HR方法合成搜索指数在世博会客流量中预测效果

搜索指数合成	0.5合成指数 Hurst指数		0.6合成指数 Hurst指数		Ginsberg方法 Hurst指数	
模型的解释变量	c visitors(-1)	c index5	c index5h	c index6	c index6h	c indexg	c indexgh
R^2	0.59	0.68	0.74	0.69	0.73	0.79	0.79
MAPE	22.77	20.00	18.91	19.5	18.99	18.58	18.23

（2）选择时差相关系数大于0.6的关键词构建的搜索指数预测世博会客流量时，产生的MAPE为19.50%，如果在选择的关键词中加入Hurst指数约束，即由HR方法选择的关键词构建的搜索指数预测世博会客流量时，MAPE则降低为18.99%，预测精度提高。

（3）按照Ginsberg的方法构建搜索指数预测世博会客流量时，产生的MAPE为18.58%，如果在选择的关键词中加入Hurst指数约束后，即由HR方法选择的关键词构建的搜索指数预测世博会客流量时，MAPE则降低为18.23%，预测精度提高（彭赓等，2015）。

参 考 文 献

姜镇.2010.大型活动客流量短期预测技术研究——以上海世博会为例//第六届中国城市智能交通论坛,深圳.

刘颖,彭赓,吕本富.2011.网络搜索对股票市场的预测能力:理论分析与实证检验.经济管理,33(1),172—180.

潘晓炜.2012.多元回归与时间序列分析的结合应用.商情,20:47—49.

彭赓,刘颖,顾基发,等.2015.基于Hurst指数和时差相关性的网络搜索关键词预测能力分析.中国科学院大学管理学院,中国科学院数学与系统科学研究院.

王小平,孙彩贤.2010.基于多元回归模型的2010年上海世博会客流量预测分析.江汉大学学报(社会科学版),38(2):24,25.

杨欣,吕本富,彭赓,等.2013.基于网络搜索数据的突发事件对股票市场影响分析.数学实践与认识,12:17—28.

袁庆玉,彭赓,刘颖,等.2011.基于网络关键词搜索数据的汽车销量预测研究.管理学家(学术版),1:12—24.

张崇,吕本富,彭赓,等.2012.网络搜索数据与CPI的相关性研究.管理科学学报,7:50—59.

张洋.2014.基于网络多源数据的大型展会客流量预测研究——以北京园博会为例[博士学位

论文]. 北京: 中国科学院研究生院.

Choi H, Varian H. 2012. Predicting the present with Google trends. Economic Record, 88(s1): 2-9.

Ginsberg J, Mohebbi M H, Patel R S, et al. 2009. Detecting influenza epidemics using search engine query data. Nature, 457: 1012—1014.

Konstantin A, Kholodilin M, Maximilian K, et al. 2009. Google searches as a means of improving the Nowcasts of key macroeconomic variables. DIN Berlin Discussion Papers.

Peng G, Yuan Q Y, Liu Y, et al. 2011. A prediction study on the visitors per-day amount of Shanghai World Expo 2010 based on web search data//International Conference on E-Business and E-Government, Shanghai.

Xin Y, Peng G, Yuan Q Y, et al. 2011. A prediction study on tourist amount based on web search data—A case from Hainan//2011 International Conference on Business Management and Electronic Information, Guangzhou.

Yuan Q Y, Peng G, Liu Y, et al. 2011. A prediction study on the car sales based on web search data//2011 International Conference E-Business and E-Government, Shanghai.

第 10 章 基于新浪微博对大型社会活动集群行为的分析

10.1 分析目的

随着互联网时代的到来,信息技术、网络技术与搜索引擎的发展为消费行为乃至社会行为研究开辟了新的领域。网络已成为公众信息搜索的重要渠道,是连接信息、需求、行为的纽带。同时,用户的网络行为以种种形式被搜索引擎、网络日志、博客、微博等记录。

作为中国最大的社交媒体之一,新浪微博自从诞生开始便备受关注。随着新浪微博的成熟,越来越多的社交媒体用户(包括名人、明星)通过新浪微博发表他们的观点,新浪微博逐渐成为社会事件舆论的中心。因此,对新浪微博数据的分析成了社会事件分析的热点。以新浪微博数据为基础对社交媒体数据进行分析的情况并不少见,李叶等(2015)详细介绍了新浪微博的特点,Ma 等(2013)则对社交媒体集群行为的分析流程及分析方法进行了介绍。第二课题组试图利用新浪微博数据来分析上海世博会游客的集群行为。

本章以 2010 年上海世博会期间的新浪微博数据为基础,对上海世博会进行了多维度分析,由此发掘世博期间游客与场馆之间的潜在信息。本章内容主要取材于华东师范大学数据科学与工程研究院李叶等的工作报告"2010 世博数据分析报告——基于新浪微博"(李叶等,2015)。本章包括四个部分,在 10.1 节对分析目的进行说明;在 10.2 节对数据的来源、数据的提取和数据的结构进行一个简单的介绍;10.3 节详细介绍几种不同的分析;最后在 10.4 节进行简单总结。

10.2 数据说明

10.2.1 数据来源

对 2010 年上海世博会的相关分析基于一个庞大的新浪微博数据集。该数据集包含 170 万新浪微博用户在 2009 年 8 月~2012 年 12 月这一段时间内所有的微博及 12 亿条社交网络中的关注关系边。该数据集如今已被用做社交媒体数据分析的基准测试（Ma et al.，2013；Xia et al.，2014）和网上集群行为资源库（MicroblogCube）（Zhou et al.，2012）。

　　数据集的爬取基于一个分布式的爬虫程序。爬虫程序运用新浪提供的 API 来爬取社交网络信息、微博信息及微博用户信息。图 10.1 为数据爬取过程示意图，种子用户中包含 32 个热点用户，爬虫采用宽度优先遍历的方式，从种子用户出发沿着关注边遍历三层。图示中前三层用户总共包含约 170 万个用户，它们被称为核心用户；在核心用户确定之后，爬虫开始爬取这批用户的在线社交网络以及发布的微博数据信息（微博开放平台，2015）。

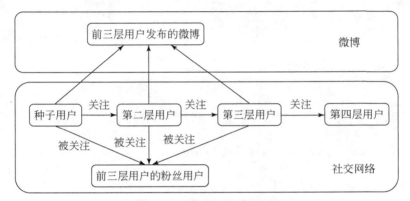

图 10.1　数据爬取示意图

　　随后爬虫程序周期性地更新整个数据集，爬取核心用户的社交网络关系变更以及发表的微博。最终爬取到的社交网络数据集中包含了大约 12 亿条关注关系边，含从 2009 年 8 月～2012 年 12 月用户发布的微博，微博数量约 6 亿 4 千万条。

10.2.2　数据提取

　　数据提取步骤的目的是提取与 2010 年上海世博会相关的微博。提取方法为根据关键词提取，若一条原创微博中包含世博相关关键词，则将该微博提取出；若一条转发微博或该转发微博的原创微博中包含世博关键词，则同时将这条转发微博及其原创微博提取出。

　　世博关键词包括以下三个部分：

　　（1）世博专用词汇，如世博会、世博、A 片区等。

　　（2）世博场馆名（包括简称），如中国国家馆（中国馆）。

　　（3）世博场馆关键词，如丝路宝船（沙特阿拉伯馆的亮点）。

　　以沙特阿拉伯馆为例，图 10.2 为上海世博官网（中国 2010 年上海世博会官方网站，2015）上沙特阿拉伯馆的主页，线框框出来的均为世博关键词，其中包括场馆名（沙特阿拉伯馆）以及能够体现该场馆特征的词汇（丝路宝船、珍宝影院）。我们对所有场馆以及场馆关键词进行统计提取，提取出的世博关键词共计 330 个。

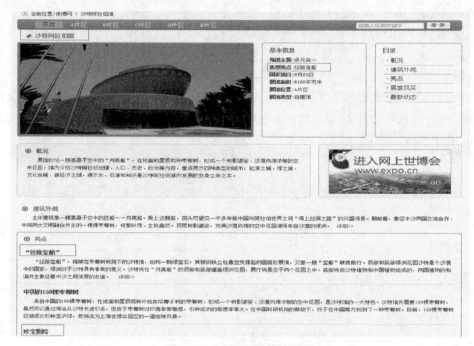

图 10.2　沙特阿拉伯馆页面

在微博数据集中提取数据，结果包含世博关键词的所有微博（包括 2010 年 5 月 1 日～2010 年 10 月 31 日去重后的微博）共 54623 条，其中原创微博 38147 条，转发微博 16476 条。

输出的一条微博数据包含以下字段，如表 10.1 和表 10.2 所示。

表 10.1　微博字段说明表

字段（微博部分）	含义
rtMid	若为转发微博：原创微博内容 若为原创微博：空
rtText	若为转发微博：原创微博 id 若为原创微博：空
Time	微博发出时间
Mid	微博 id
Text	微博内容
Repost Count	微博转发数
Comment Count	微博评论数

表 10.2　用户字段说明表

字段(用户部分)	含义
Uid	用户名
Uname	用户名
Follower Count	粉丝数量
Friends Count	关注数量
Status Count	微博数量
isV	是否为 vip 用户
Gender	性别
Description	用户描述
Location	用户地址

10.3　分析内容

10.3.1　热门微博分析

本节主要对世博相关微博中的热门微博(转发量较多)进行分析。在这里选取前 100 条最热门的微博,并分析他们之间可能存在的特点。

数据处理说明:将所有微博按照字段 Repost Count 由高到低排序。

经过分析,发现热门微博的发起者主要有以下几类:

(1)名人明星,如谭杰希、黄晓明、胡歌、郑渊洁、付辛博、周立波、郎朗、刘谦等。

(2)微博段子手,如创意工坊、我们爱讲冷笑话、段子精选、创意铺子等。

(3)新闻媒体、社交媒体,如人人网、新浪视频、新周刊、头条新闻等。

(4)普通微博用户。

对不同种类用户的微博进行分析,发现他们所发出的微博内容也各有特点。

明星发的微博大多意在表达自己的感受,由于他们粉丝用户众多,因此微博转发数量也相对较高。另外也可以看到,世博作为中国一个重大事件,很多名人明星都在关注游玩。

微博段子手发布的微博主要是一些能够吸引用户的内容,段子手都会以此类的微博来提高自己的人气并吸引关注。段子手的粉丝数量也相对较多,因此他们的微博也会受到大量转发。

综上所述,在对热门微博的分析中,可以得出以下结论:

(1)世博会作为中国乃至世界的重大事件,在社交媒体上引起了各方面的关注。

（2）热门微博的发起点主要为名人明星、微博段子手、新闻社交媒体等热门微博用户。

（3）热门微博的内容会根据微博用户的不同而略有差异。

10.3.2　用户地域分布

本节主要对参观浏览世博的游客地域分布进行统计分析。

数据处理说明：统计数据集中用户的 Location 字段。统计所有微博数据中用户的地域分布，结果如图 10.3 所示。可以得出以下结论：

（1）用户分布最多的地区为北京、上海、广东三个省（直辖市）以及江苏、浙江为主的三角区。

（2）来自海外的用户也占了相当大的一部分。

（3）西藏、宁夏、青海等较偏僻的地区用户较少。

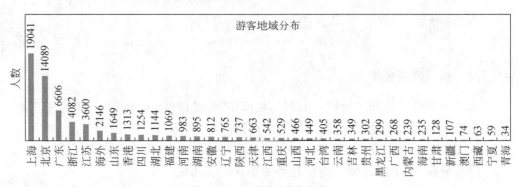

图 10.3　游客地域分布图

10.3.3　场馆关键词分析

本节主要对场馆的关键词进行分析。讨论场馆的微博中包含场馆各方面的信息，对这些微博进行分析处理可以挖掘世博各个场馆的关键信息。

数据处理说明：在包含世博关键词的所有微博数据中，提取和具体场馆相关的微博。经统计，提到的具体场馆共 237 个。将每一个场馆的所有相关微博作为一个文档，并用 tfidf 算法对文档集进行处理。

在尝试用多种 tf、idf 的计算方法之后，选出最佳结果并过滤掉广告词等不相关词性，分别对前十名的热门场馆（中国馆、沙特馆、美国馆、英国馆、日本馆、德国馆、法国馆、意大利馆、石油馆、西班牙馆）的结果进行统计，展示如表 10.3（展示前十的关键词）所示。

表 10.3　场馆关键词表

场馆名	关键词（前十名）
中国馆	嫦娥,清明上河图,五星红旗,铜车马,奔月,文艺晚会,国庆节,上海滩,秦大为,宋祖英
沙特馆	液体,乘凉,枣椰树,绿洲,密密麻麻,传送带,树影,宝船,名片册,月亮
美国馆	希拉里,国务卿,奥巴马,德州,费德勒,克林顿,瀑布,屋顶花园,球星,短片
英国馆	亚克力,触须,种子圣殿,城市公园,伦敦,图章,蒲公英,白金汉宫,蜡像
日本馆	遣唐使,菅直人,机器人,A 片区,茉莉花,船帆,剑客,首脑,科技,日本料理
德国馆	圆球,纳粹,香肠,金属,都市,资本主义,动力源,德意志,黑啤,克林顿
法国馆	法兰西,塞尚,阿兰德龙,香水,浪漫,老电影,集体舞,凡尔赛,印象派,巴黎
意大利馆	高跟鞋,法拉利,菲拉格慕,老爷车,时装,手工艺,交响乐团,宝格丽,珠宝展,通心粉,米开朗基罗
石油馆	石油,油立方,木工雨林,松林,油花,油宝宝,D 片区,大庆,立体电影,可口可乐罐
西班牙馆	巨婴,阿拉贡,仵作房,巫婆,舞者,岩洞,女郎,藤条,毕尔巴鄂,加索尔

纵观以上场馆的关键词,由每个场馆的关键词可以看出场馆的大致轮廓,这是由于用户在讨论每个场馆的微博中,多数微博内容均为该场馆的亮点和特点。

如中国馆中的"嫦娥"和"清明上河图"等关键词,均为中国馆内的特色;意大利馆的"手工艺"、"高跟鞋"、"交响乐团"、"老爷车"等关键词均为意大利馆的主要参展内容;英国馆的"种子"和"圣殿",石油馆的"油立方"和"油宝宝"均能体现这些场馆的主题。

总体来说,tfidf 排序靠前的词语主要有以下几类。

(1)场馆的代表物品:如中国馆的"清明上河图",石油馆的"油立方"。

(2)场馆的造型亮点:如英国馆的"种子圣殿",西班牙馆的"藤条"造型。

(3)场馆国家的特点:如日本馆的"剑客"和"日本料理",法国馆的"香水",意大利馆的"老爷车"和"时装"。

(4)场馆国家里的名人:如德国馆的"克林顿",美国馆的"奥巴马"。

对所有的场馆微博内容做了一次总体的词频分析。对所有世博相关的微博进行统计分析,观察他们的词频,前 11 名的词语分别是"世博"、"世博会"、"上海"、"中国"、"排队"、"世博园"、"中国馆"、"小时"、"参观"、"国家"、"志愿者"。

可以看到,在整个世博进行的过程中,大家除了讨论世博相关的内容,出现较多的词语是"排队"和"小时"等有关排队的词语,说明世博期间参观场馆排队现象十分常见。

综上所述,在对场馆关键词的分析中,可以得出以下结论:

(1)对每个场馆的微博内容进行 tfidf 排序,发现场馆关键词都能在某些方面表达场馆的特点,包括场馆的活动、名人、事件、代表物品等。

(2)在世博微博的词频中,除了"世博"、"上海"、"中国"等热门词汇,"排队"、"小时"等代表排队的词汇词频也很大,充分说明世博的过程中排队现象是游客非常热门的讨论话题。

10.3.4　用户轨迹数据分析

在本节中,我们对用户游览世博场馆的轨迹数据进行分析,探讨哪些因素会对用户的访问轨迹产生影响。我们认为会有以下三个潜在因素:场馆间的距离、场馆的热度和用户的个人兴趣。

数据处理说明:若一个用户的一条微博中包含且仅包含一个场馆的信息,则认为该场馆为该用户的轨迹点。在数据集中提取了 6865 个用户的潜在轨迹数据,经过分析过滤,最后提取出 2024 条真实用户轨迹数据,这些数据是一个用户在同一天内到过多个不同场馆的轨迹。

根据场馆热度的排序(提到该场馆微博数的多少),选取十个最热门的场馆,并对他们进行详细分析。这十个场馆分别是中国馆、沙特馆、美国馆、英国馆、日本馆、德国馆、法国馆、意大利馆、石油馆、西班牙馆。将这十个场馆定义为世博中的热门场馆。

根据已有的用户轨迹数据,对每一个热门场馆,统计以该场馆为起点,用户的下一个场馆的轨迹点的情况,并根据终点场馆的数量由高到低进行排序。例如,用户 A 的轨迹序列中有(中国馆→沙特馆)这样一个子序列,就认为在这样的轨迹子序列中,用户的起点为中国馆,终点为沙特馆。表 10.4 显示的是以中国馆为起点,终点场馆按数量由多到少排序之后的前十名,即所有存在轨迹的用户中,以中国馆为起点,有最多用户的下一个场馆选择了沙特馆。

表 10.4　起点终点示意表

起点场馆	终点场馆
	沙特馆
	英国馆
	台湾馆
	法国馆
中国馆	日本馆
	石油馆
	德国馆
	丹麦馆
	澳门馆

对 10 个热门场馆进行同样的处理,共得出 $10 \times 10 = 100$ 个终点场馆。对这 100 个终点场馆进行分类统计,统计这些终点场馆与它们所对应起点场馆的关系,结果如图 10.4 所示。

终点场馆是否同区　　　　　　　　　终点场馆是否热门

终点场馆是否与起点场馆在同一片区的比例　　　　终点场馆是否为热门场馆的比例

图 10.4　终点场馆类型统计 1

根据统计数据发现,62%的用户会选择同一片区的场馆作为他们的下一个目的地。有 55%的用户会选择热门场馆作为他们的下一个目的地。经过对下一个目的地选择为不同区的用户进行分析,我们发现,其中 64%的用户会选择其他区的热门场馆作为目的地。我们对下一个目的地选择为非热门场馆的用户进行分析,发现其中 73%的用户会选择和起点场馆在同一片区的场馆进行访问,结果如图 10.5 所示。

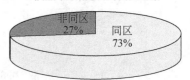

不同区场馆是否为热门场馆　　　　　　非热门场馆是否同区场馆

终点场馆为不同区的场馆中,
是否为热门场馆的比例　　　　　　终点场馆为非热门场馆中,是否为
跟起点场馆在同一片区的比例

图 10.5　终点场馆类型统计 2

在上述的分析中,可以得出以下结论:

(1)更多的用户都趋向于选择离自己距离比较近的场馆作为下一个访问场馆。

(2)在下一个目的地选择去不同区的场馆的用户中,更多的用户会选择热门场馆进行访问。

(3)在下一个目的地选择去非热门的场馆的用户中,更多的用户会选择同一片区场馆进行访问。

抛开用户的个人兴趣,我们可以看到,相对于场馆的热度,场馆间的距离更能影响用户的轨迹。接下来进一步分析用户的轨迹与场馆之间距离的关系,挖掘他们之间潜在的影响。在这里,对三个统计量进行统计,分别如下:

（1）距离：两个场馆之间的实际距离。

（2）趋向值：趋向值代表了用户由起点场馆走向终点场馆的意向，该值越大，则表示用户更趋向于选择该场馆为终点场馆。该值的计算方法如下：

$$\frac{起点场馆到终点场馆的轨迹数目}{所有场馆到终点场馆的轨迹数目} \times 100\%$$

（3）微博数：包含该终点场馆的微博数量。

在这里，趋向值的含义为在所有走向某个终点场馆的轨迹中，指定的起点场馆走向该终点场馆的轨迹数的占比，该值能很好地表达所有包含轨迹的用户由起点场馆走向终点场馆的意向。其弱点在于，当某个冷门场馆的轨迹数较少时，该值存在较为严重的偏差，因此在后面的计算过程中，需要根据场馆的微博数将这部分的偏差清除。

图 10.6 为距离与趋向值的分布图。

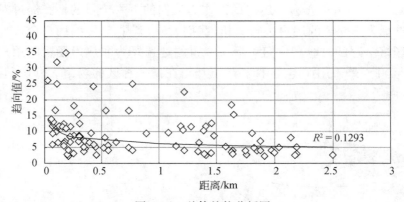

图 10.6　总体趋势分析图

对所有的点进行拟合，用 R^2 值来判断拟合线的拟合程度，它的数值大小可以反映趋向值的估计值与对应的实际数据之间的拟合程度，拟合程度越高（越接近于1），趋向值的可靠性越好。R^2 的计算公式如下：

$$R = \frac{E\{[X - E(X)][Y - E(Y)]\}}{[D(X)D(Y)]}$$

式中，$E(X)$、$E(Y)$ 为 X、Y 的平均值；$D(X)$、$D(Y)$ 为 X、Y 的方差。

从总体趋势线来看，随着场馆间距离的增加，点由密集向稀疏排列，用户的趋向值大体呈下降趋势，但受微博数的影响，不同场馆的趋向值有些偏差，因此 R^2 值并不是太理想。

将这十个场馆单独抽出来分析，分析结果如图 10.7 所示。

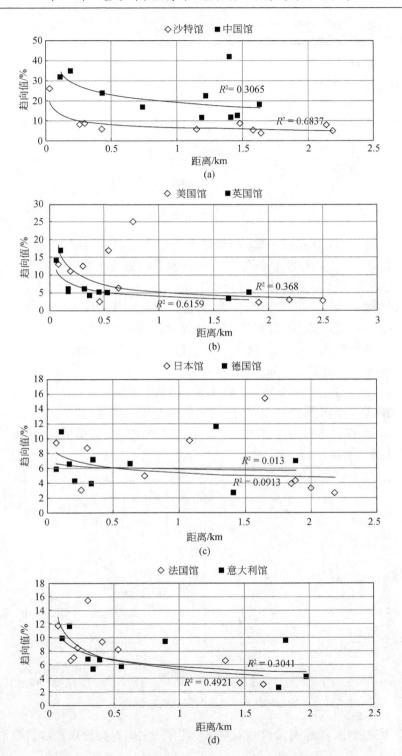

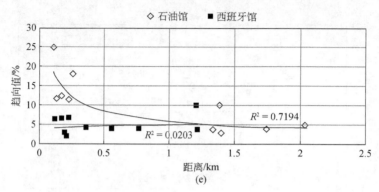

图 10.7　场馆趋势分析表

就单个场馆的分析结果来看,趋势较为明显的场馆有中国馆、沙特馆、意大利馆、石油馆、英国馆、美国馆、法国馆。趋势较为不明显的场馆有日本馆、德国馆、西班牙馆。造成趋势不明显的原因可能如下:

(1)讨论终点场馆的微博数目较少,容易造成趋向值的偏差。

(2)针对一个起点场馆,终点场馆数目较少,趋势不明显。

针对上述两个问题,在以上两个分类中各取一个场馆,如沙特馆和日本馆进行进一步的分析。分析的策略如下:

(1)加大数据量。选择前 30 个终点场馆进行分析。

(2)消除误差。根据微博量,消除趋向值偏差较大的数值。

图 10.8 为以日本馆为起点,选取 30 个终点场馆的分析结果,分别为消除误差前和消除误差后的对比。

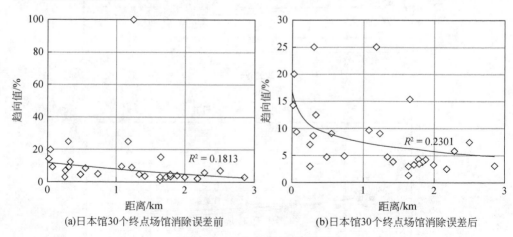

(a)日本馆30个终点场馆消除误差前　　　　　(b)日本馆30个终点场馆消除误差后

图 10.8　日本馆误差前后对比

由图可以看出,消除明显误差点对 R^2 值有一定的提高效果。沙特馆消除误差前后的对比如图 10.9 所示。

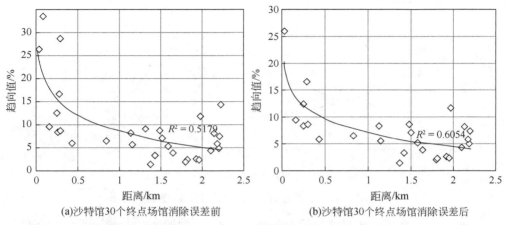

(a)沙特馆30个终点场馆消除误差前　　　　　(b)沙特馆30个终点场馆消除误差后

图 10.9　沙特馆误差前后对比

同样可以看到,在趋势相对明显的沙特馆中,消除误差点仍然会提高 R^2 值。

在消除误差的情况下,分析随着数据量的增大, R^2 值会受到怎样的影响。图 10.10 是日本馆和沙特馆分别取 10 个终点场馆以及 30 个终点场馆的结果对比图。

日本馆取 10 个终点场馆的 R^2 值为 0.3655,而取 30 个场馆的 R^2 值为 0.2073。沙特馆取 10 个终点场馆的 R^2 值为 0.72,而取 30 个终点场馆的 R^2 值为 0.6045。

经过分析可以发现,对场馆之间的距离与趋向值进行分析的过程中,在去除误差点后, R^2 值明显升高,而在增多了轨迹点之后, R^2 值会略微下降。这是因为随着终点场馆的增多,直线拟合的难度加大,对 R^2 值造成了一定的影响。

而对误差数据进行具体分析发现,误差点一般都为微博数较少的点,由于这些场馆轨迹数目较少,它们的趋向值很容易产生偏差。

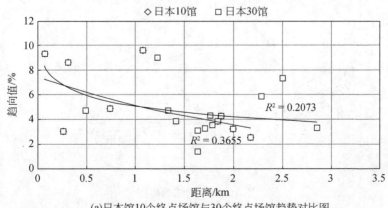

(a)日本馆10个终点场馆与30个终点场馆趋势对比图

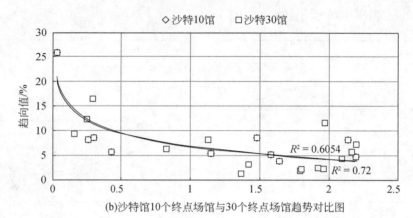

(b)沙特馆10个终点场馆与30个终点场馆趋势对比图

图 10.10　日本馆和沙特馆 10 个场馆及 30 个场馆对比

最后,将七个趋势明显的场馆分析结果提取出,如图 10.11 所示。由七个趋势明显的场馆拟合线可以看到,随着场馆的距离增加,用户的趋向值呈下降趋势。

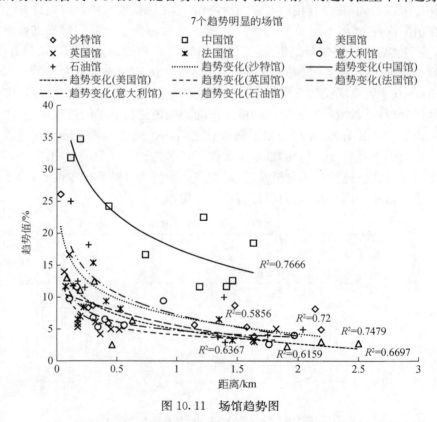

图 10.11　场馆趋势图

其中中国馆、美国馆、意大利馆均存在 1 或 2 个的误差点,进行误差消除,发现这些趋势明显的场馆中,误差消除后 R^2 值明显升高。其中中国馆由误差消除前的 0.2574 增大到 0.7666,美国馆由误差消除前的 0.1868 增大到 0.7479,意大利馆由误差消除前的 0.2636 增大至 0.5856。误差消除的前后对比如图 10.12 所示。

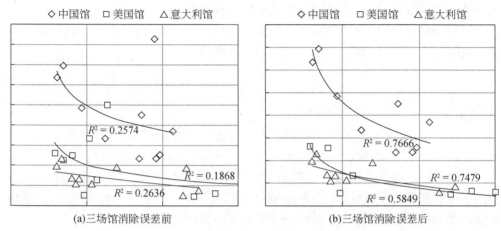

图 10.12　三场馆误差消除前后对比

综上所述,在对用户轨迹数据分析中,可以得出以下结论:

(1)在可能影响用户下一个场馆选择的三个因素中,场馆的距离是最主要的影响因素,其次为场馆的热度。除此之外,用户的个人兴趣也会影响他们的决定。

(2)用户在选择下一个访问的场馆时,更趋向于选择距离自己当前场馆较近的场馆。

(3)访问热门场馆也是用户的一大选择,而很少一部分的用户会选择非热门、不同一片区的场馆会作为下一个访问对象。

10.3.5　相关联场馆分析

本节主要对相关联场馆进行分析。相关联场馆的分析旨在分析微博中同时提到的场馆,用以发掘场馆之间的相互联系。

数据处理说明:将同一条微博里同时提到的多个场馆提取出,将其看成相关联场馆,同时,也将用户轨迹中所有的场馆看成相关联场馆。

同样,选择前十的热门场馆,分析哪些场馆跟它们相关联的程度更高。如中国馆,与其相关联最多的前十的场馆为沙特馆、日本馆、德国馆、英国馆、法国馆、台湾馆、美国馆、西班牙馆、意大利馆、石油馆。

经过对所有热门场馆进行分析和统计,发现有 85% 的相关联场馆均为热门场馆,除此之外,也选取了一些非热门场馆进行分析,发现可以得到同样的结果。如选择日本产业馆进行分析,与其相关联最多的前九的场馆为中国馆、日本馆、石油馆、沙特馆、德国馆、英国馆、意大利馆、韩国馆、思科馆。其中有八个为热门场馆。

综合分析,可以得出以下结论:

(1)热门场馆的相关联场馆中热门场馆占了绝大多数,这是由社交媒体的性质决定的,大多数用户都会分享讨论热门的场馆和事件。

(2)而跟小场馆相关联的场馆绝大多数为热门场馆,这是因为用户在讨论这些小场馆时,大多数时候都是和热门场馆同时讨论的。

10.4　分析总结

本章以 2010 年上海世博会期间新浪微博的数据为基础,以上海世博会的各个场馆为切入点,在不同维度上分析了世博期间游客与场馆之间的联系。

首先介绍了微博数据集的爬取以及世博相关微博的提取。其次从五个方面对世博相关微博进行了统计和分析,分别是热门微博的分析、用户地域的统计、场馆关键词的分析、用户轨迹的分析和相关联场馆的分析。

新浪微博起始于 2009 年,2010 年正处于发展初期并稳步上升的阶段。当时的微博热度不比今天,因此提取到的微博数量相对来说比较有限,在分析的多样性上受到了一定的限制。正是因为这个原因,当时微博上的推广微博、广告微博等数量较少,也为处理分析数据带来了一定的便利。

参 考 文 献

李叶,钱卫宁,周傲英. 2015. 2010 世博数据分析报告——基于新浪微博. 上海:华东师范大学.

微博开放平台. 2015. http://open. weibo. com/wiki/首页.

中国 2010 年上海世博会官方网站. 2015. http://www. expo2010. cn/.

Ma H X, Qian W N, Xia F, et al. 2013. Towards modeling popularity of microblogs. Frontiers of Computer Science, 7(2): 171—184.

Xia F, Li Y, Yu C C, et al. 2014. BSMA: A benchmark for analytical queries over social media data. Publication of the Large Database Endowment, 7(13): 1573—1576.

Zhou A Y, Qian W N. 2012. Social media data analysis for revealing collective behaviors//The 18th ACM SIGKOD Conference on Knowledge Discovery and Data Mining, Beijing.

附录 A   Hurst 指数的计算方法

Hurst 指数的思路是：设 $x_i = x_1, x_2, \cdots, x_n$ 为一时间序列的 n 个连续值，取对数并进行一次差分后的数据划分为长度为 h 的相邻子区间 A，即 $Ah = n$。则每个子区间的均值为

$$x_m = \frac{x_1 + x_2 + \cdots + x_h}{h}$$

标准差为

$$S_h = \sqrt{\sum_{i=1}^{h} \frac{(x_i - x_m)^2}{h}}$$

均值的累积横距为

$$X_{r,A} = \sum_{i=1}^{h} (x_{i,A} - x_m)$$

组内极差为

$$R_h = \max(X_{r,A}) - \min(X_{r,A})$$

Hurst 推出的关系为

$$\frac{R_n}{S_n} = c \, n^H$$

其中，c 为常数；n 为观察值的个数；H 为 Hurst 指数。

Hurst 指数有三种形式：如果 $H = 0.5$，表明时间序列可以用随机游走来描述；如果 $0.5 < H < 1$，表明时间序列是有记忆的；如果 $0 < H < 0.5$，表明是一个粉红噪声。即均值回复过程。也就是说，只要 H 不等于 0.5，就可以用有偏的布朗运动（分形布朗运动）来描述该时间序列。更为具体的 Hurst 指数计算方法有很多种，比较常用的可在 MATLAB 中找到。

附录 B 上海世博会预测主题使用的关键词

2010 年上海世博会	芒果网机票查询	上海丁丁地图网	上海如家快捷酒店
2010 年世博会	芒果网特价机票	上海饭店	上海世博
2010 上海世博会	美国馆	上海飞机票	上海世博地图
2010 上海世博会官网	南京丁丁地图	上海高铁	上海世博攻略
2010 上海世博会主题	南京路步行街	上海公交	上海世博官网
2010 上海世界博览会	浦东国际机场	上海公交线路	上海世博会
2010 世博会	如何购买世博会门票	上海公交线路查询	上海世博会 攻略
2010 世博会歌曲	瑞士馆	上海汉庭快捷酒店	上海世博会 门票
2010 世博会官网	三维世博会官网	上海好玩的地方	上海世博会场馆
2010 世博会开幕式	沙特阿拉伯馆	上海欢乐谷	上海世博会的吉祥物
2010 世博会主题	上海 7 天连锁酒店	上海欢乐谷地址	上海世博会地图
2010 网上世博会	上海半岛酒店	上海火车票	上海世博会地址
3d 世博会官网	上海宾馆	上海火车票查询	上海世博会攻略
e 龙网	上海宾馆预订	上海火车票代售点	上海世博会官方图册
澳大利亚馆	上海宾馆预定	上海火车票预订	上海世博会官方网
春秋航空	上海菜	上海火车站	上海世博会官方网站
春秋航空机票查询	上海城隍庙	上海火车站时刻表	上海世博会官网
春秋航空特价机票	上海城隍庙小吃	上海机票	上海世博会吉祥物
丹麦馆	上海出租车	上海机票查询	上海世博会简介
德国馆	上海出租车查询	上海机票代理	上海世博会旅游
丁丁地图	上海出租车价格	上海机票预订	上海世博会门票
丁丁地图杭州	上海出租车起步价	上海吉瑞酒店公寓	上海世博会门票价格
丁丁地图上海	上海磁悬浮列车	上海家庭旅馆	上海世博会门票简介
丁丁地图上海查询	上海磁悬浮列车路线	上海交通地图	上海世博会门票预订
丁丁地图上海路线	上海磁悬浮列车票价	上海锦江饭店	上海世博会三维地图
丁丁地图苏州	上海磁悬浮时刻表	上海景点	上海世博会三维展馆
丁丁地图网	上海大众出租车	上海酒店查询	上海世博会图片

续表

丁丁地图北京	上海出租车叫车电话	上海机票预定	上海世博会门票购买
东方航空	上海到杭州一日游	上海酒店公寓	上海世博会网上订票
东方航空公司	上海地铁	上海酒店式公寓	上海世博会网上展馆
东方明珠	上海地铁 10 号线	上海酒店预订	上海世博会中国馆
东航	上海地铁 1 号线	上海酒店预订网	上海世博会主题
东航机票查询	上海地铁 2 号线	上海酒店预定	上海世博会资料
法国馆	上海地铁地图	上海快捷酒店	上海世博交通网
芬兰馆	上海地铁票价	上海连锁酒店	上海世博门票
广州三维地图	上海地铁线路图	上海旅馆	上海世博门票销售点
广州三维电子地图	上海地图	上海旅游	上海世博网
韩国馆	上海地图查询	上海旅游地图	上海世博游
虹桥机场	上海电子地图	上海旅游住宿	上海世博园区地图
芒果网	上海丁丁地图	上海青年旅馆	上海世界博览会
上海世界博览会门票	上海住宿预订	世博会门票	世界博览会几年一次
上海世界博览会图片	上海租车	世博会门票多少钱	世界博览会门票
上海世界博览会主题	上海租车公司	世博会门票购买	同里
上海市宝山区地图	上海租车网	世博会门票购买地点	网上购买世博会门票
上海市地图	世博	世博会门票官网	网上逛世博
上海市地图查询	世博场馆	世博会门票价格	网上上海世博会
上海市电子地图	世博场馆介绍	世博会门票哪里买	网上世博
上海市丁丁地图	世博地图	世博会门票预订	网上世博护照
上海市丁丁地图查询	世博地图全图	世博会门票在哪里买	网上世博会
上海市丁丁地图网	世博攻略	世博会门票怎么买	网上世博会官方网站
上海市交通地图	世博官网	世博会门票转让	乌镇
上海市浦东新区地图	世博护照	世博会三日游攻略	西班牙馆
上海市普陀区地图	世博护照官方网站	世博会三维体验	携程网
上海市区地图	世博会	世博会三维体验官网	携程网机票查询
上海市三维地图	世博会 攻略	世博会三维体验游戏	携程网机票预订
上海市松江区地图	世博会 门票	世博会时间	携程网酒店预订
上海四星级酒店	世博会 3 日游攻略	世博会图片	携程网酒店预定
上海特产	世博会场馆	世博会网上订票	携程网特价机票查询
上海特产食品	世博会场馆介绍	世博会网上预约	艺龙

上海特价机票	世博会场馆图片	世博会学生门票价格	艺龙机票查询
上海特色菜	世博会场馆网上预约	世博会一日攻略	艺龙旅行网
上海特色小吃	世博会的吉祥物	世博会一日游攻略	艺龙网
上海特色小店	世博会的意义	世博会志愿者官网	艺龙网机票查询
上海天气	世博会地图	世博交通网	艺龙网酒店预定
上海天气预报	世博会地址	世博门票	意大利馆
上海天气预报 10 天	世博会订票	世博网	英国馆
上海天气预报 15 天	世博会二日游攻略	世博网上预约	游世博会攻略
上海天气预报 3 天	世博会各国展馆图片	世博一日游攻略	游世博会最牛攻略
上海天气预报查询	世博会攻略	世博游	中国国际航空公司
上海天气预报一周	世博会官方网站	世博游攻略	中国国家馆
上海土特产	世博会官网	世博游览攻略	上海住宿
上海外滩	世博会海宝图片	世博游指定旅行社	世博会开幕式歌曲
上海五星级酒店	世博会韩国馆	世博园地图	世界博览会
上海五星级酒店名单	世博会护照	世博园攻略	上海小吃街
上海希尔顿大酒店	世博会吉祥物	世博园区	世博会开幕式
上海希尔顿酒店	世博会吉祥物图片	世博园区导览图	世界博览
上海香格里拉大酒店	世博会几年一次	世博园区地图	
上海小吃	世博会简介	世博轴	

附录 C　上海世博会 S_H 集合中的关键词

上海世博会图片	2010 世博会	2010 世博会歌曲	同里
丹麦馆	上海天气预报 15 天	上海世博攻略	上海宾馆
网上上海世博会	世博会 3 日游攻略	上海五星级酒店名单	上海世博会简介
世博会开幕式	世博会门票哪里买	上海地铁 2 号线	上海地铁
世博会几年一次	上海世博会网上展馆	世博会三日游攻略	上海地铁票价
意大利馆	世博会攻略	上海到杭州一日游	上海世博会时间
世博游指定旅行社	世博园区	芒果网特价机票	上海天气
中国国家馆	网上逛世博	上海市地图查询	上海机票
西班牙馆	世博地图	世博官网	上海世博会官方网
上海世博会地图	世博会的吉祥物	上海天气预报一周	上海住宿
上海景点	世博地图全图	世博会门票预订	上海家庭旅馆
客流量	世博会场馆图片	上海市区地图	世博会门票购买地点
世博	世博会学生门票价格	世博会门票官网	世博会吉祥物
上海世博会中国馆	世博会开幕式歌曲	世博一日游攻略	上海住宿预订
世博园地图	世博会各国展馆图片	世博会 攻略	上海出租车价格
上海天气预报 10 天	上海城隍庙	世博会场馆介绍	上海机票代理
芬兰馆	上海世博会主题	上海世博会官方图册	世博会网上订票
法国馆	世博会三维体验	上海磁悬浮列车	上海特色菜
沙特阿拉伯馆	携程网特价机票查询	世博会门票转让	2010 年上海世博会
上海世博会资料	上海火车站	世博会门票	世博会志愿者官网
网上世博会官方网站	上海世博会官网	上海世界博览会	世博会订票
2010 上海世博会	上海世博门票销售点	上海天气预报查询	上海世博会门票预订
上海世博会	世博园区地图	上海丁丁地图	上海市丁丁地图网
游世博会攻略	上海宾馆预订	上海世博会门票购买	东方明珠
2010 上海世界博览会	上海旅游地图	上海小吃	2010 世博会主题
瑞士馆	上海小吃街	上海青年旅馆	上海火车票
世博游览攻略	上海世博会的吉祥物	世博园区导览图	上海出租车起步价
上海世博会三维地图	世博交通网	上海火车票查询	上海地铁 1 号线

续表

世博会地图	世博会门票购买	2010 上海世博会官网	上海城隍庙小吃
上海世博地图	网上购买世博会门票	虹桥机场	上海世博会场馆
上海世博会门票价格	上海世界博览会图片	上海火车站时刻表	丁丁地图杭州
英国馆	上海火车票代售点	上海天气预报	东航机票查询
2010 网上世博会	世博攻略	东方航空公司	上海希尔顿酒店
世博会三维体验游戏	周庄	上海世博游	上海旅馆
世博游攻略	上海世界博览会门票	上海连锁酒店	春秋航空机票查询
上海世博会门票	世博会一日游攻略	世博场馆介绍	上海世博会 门票
世博轴	乌镇	世博会门票多少钱	上海特产
上海世博会网上订票			

附录 D 上海世博会 $S_{0.6}$ 集合中的关键词

丹麦馆	世博地图全图
法国馆	世博攻略
芒果网特价机票	世博会场馆网上预约
沙特阿拉伯馆	世博会地图
上海宾馆预订	世博会攻略
上海汉庭快捷酒店	世博会门票转让
上海酒店	世博会网上预约
上海酒店预订	世博会一日游攻略
上海酒店预订网	世博一日游攻略
上海酒店预定	世博游
上海快捷酒店	世博游攻略
上海连锁酒店	世博游指定旅行社
上海如家快捷酒店	世博园地图
上海世博攻略	世博园攻略
上海世博会 攻略	世博园区导览图
上海世博会地图	世博园区地图
上海世博会中国馆	游世博会攻略
上海世博游	游世博会最牛攻略
上海市地图查询	

附录 E　上海世博会 $S_{0.5}$ 集合中的关键词

2010世博会官网	上海酒店查询	上海市区地图	世博会三日游攻略
丹麦馆	上海酒店预订	上海特产食品	世博会图片
德国馆	上海酒店预订网	上海特色小吃	世博会网上预约
法国馆	上海酒店预定	上海天气预报3天	世博会一日攻略
芒果网机票查询	上海快捷酒店	上海小吃街	世博会一日游攻略
芒果网特价机票	上海连锁酒店	上海住宿	世博一日游攻略
美国馆	上海旅馆	上海住宿预订	世博游
沙特阿拉伯馆	上海青年旅馆	世博场馆介绍	世博游攻略
上海宾馆	上海如家快捷酒店	世博地图全图	世博游览攻略
上海宾馆预订	上海世博地图	世博攻略	世博游指定旅行社
上海城隍庙	上海世博攻略	世博官网	世博园地图
上海城隍庙小吃	上海世博会 攻略	世博护照	世博园攻略
上海地铁地图	上海世博会地图	世博护照官方网站	世博园区导览图
上海地铁票价	上海世博会简介	世博会 攻略	世博园区地图
上海公交	上海世博会中国馆	世博会场馆网上预约	艺龙机票查询
上海汉庭快捷酒店	上海世博网	世博会地图	意大利馆
上海欢乐谷地址	上海世博游	世博会二日游攻略	游世博会攻略
上海火车站	上海世界博览会图片	世博会攻略	游世博会最牛攻略
上海机票预订	上海市地图	世博会海宝图片	中国国家馆
上海家庭旅馆	上海市地图查询	世博会护照	
上海酒店	上海市交通地图	世博会门票转让	